湛庐 CHEERS

与最聪明的人共同进化

HERE COMES EVERYBODY

CHEERS
湛庐

Decisions Over Decimals

小数决策

[美]

克里斯托弗·弗兰克
Christopher Frank

保罗·马尼奥内
Paul Magnone

奥代德·内策尔
Oded Netzer

著

车品觉 译

浙江教育出版社·杭州

测一测

如何用更少的数据做出更好的决策？

扫码加入书架
领取阅读激励

扫码获取全部
测试题及答案，
一起了解直觉在
数据决策中的重要性

- 直觉是人类通过经验和观察形成的判断。以下关于直觉的描述错误的是：（单选题）
  A. 直觉是一个潜意识的过程
  B. 直觉不需要付出心力就能产生
  C. 直觉是一种分析思维
  D. 直觉涉及第六感和大脑

- 在公司大会上，当第一名发言者说出对明年销售情况的预测时，无论他的预测正确与否，其他人都可能会以他的预测为基础进行预测，这种认知偏差被称为：（单选题）
  A. 锚定偏差
  B. 证实性偏差
  C. 保守性偏差
  D. 信息偏差

- 收敛性问题是封闭式的，这种问题通常只有一个正确答案。以下哪个问题是收敛性问题？（单选题）
  A. 太阳和月亮的相同点和不同点是什么？
  B. 快充桩的数量与电动汽车的需求有什么关系？
  C. 蜘蛛侠的超能力是怎么来的？
  D. 生育率降低和哪些因素有关？

扫描左侧二维码查看本书更多测试题

谨以本书献给我们的过去和未来：

洛可和弗洛茜，阿尔贝托和格拉西亚，马克斯和多拉·米歇尔，苏珊娜和苏珊·亚历山大，劳伦、卢克、伊芙、塔里亚、埃拉和艾维

珍惜过去，保持好奇
描绘无畏的未来

推荐序一
DECISIONS
OVER
DECIMALS

大智若"愚"：
数据时代的明智决策之道

檀 林
北大汇丰商学院未来实验室首席未来学家

在这个被大数据、人工智能和算法统治的时代，我们似乎已经习惯了用海量数据来支撑每一个决策。然而，阿里巴巴前副总裁车品觉老师翻译的这本书却带来了一个耳目一新的观点：其实，我们并不需要那么多数据，关键是要学会如何更智慧地使用有限的信息。

本书有3位作者：克里斯托弗·弗兰克，美国运通的高级副总裁，负责全球广告和品牌管理，擅长将数据分析与直觉判断相结合，提升品牌价值和客户体验；保罗·马尼奥内，ThoughtSpot的战略和创新副总裁，拥有丰富的技术和商业战略经验，专注于通过数据驱动的洞察力推动企业增长和创新；奥代德·内策尔，哥伦比亚大学商学院的营销学教授，研究领域包括大数据分析和消费者行为，致力于将复杂的数据转化为可操作的商业洞察。

这3位作者结合了他们在商业、技术和学术领域的丰富经验，共同探讨了如何在数据驱动的世界中平衡直觉和信息，以做出更明智的决策。他们的多元背景使得《小数决策》既有理论深度，又有实际操作上的指导，非常适合希望提升决策能力的读者。而本书的译者车品觉先生，被认为是中国大数据领域的先驱之一，对推动中国大数据技术的发展和应用做出了重要贡献。我曾读过他写的《决战大数据》，他的经验和见解为许多企业和研究者提供了宝贵的参考。

我一口气读完这本书，收获颇丰。在这里，我简要总结本书的内容供各位读者参考。

定量直觉：数据与直觉的完美融合

本书的核心理念是"定量直觉"（Quantitative Intuition）。乍一听，这个词似乎有些矛盾。定量分析强调精确的数字，而直觉则依赖于经验和感觉。但正是这种看似矛盾的结合，使得本书的方法论独特且实用。

作者将"定量直觉"定义为在信息不完整的情况下做出自信决策的能力。它包括3个关键步骤：精确提问、背景分析和信息综合。通过这3个步骤，决策者可以在海量数据中找到真正重要的信息，并将其与自身的经验和判断相结合，做出更好的决策。马云曾说过："我们不缺数据，我们缺的是洞察力。"这正是"定量直觉"的精髓所在。阿里巴巴在发展过程中，并非单纯依赖大数据分析，而是善于从有限的信息中洞察商机。

本书强调，定量直觉不仅是一种方法，更应该成为一种组织文化。作者在书中提供了一些建议，指导我们组建多元化的决策团队、培养团队成员的数据素养等。

精确提问的艺术

在"定量直觉"的 3 个步骤中，精确提问是基础。书中介绍了 IWIK 方法，这是一种帮助界定核心问题的简单而有效的工具。想象一下，你正在考虑是否要在全国范围内推广一款新产品。传统的做法可能是直接进入数据分析阶段，研究市场规模、竞争态势等。但 IWIK 方法会让你先问自己："为了做出这个决策，我希望自己知道些什么？"这个简单的问题可以帮你快速聚焦到真正重要的信息上，避免在无关数据中浪费时间。

书中还介绍了亚马逊的 PR/FAQ 方法，即要求团队在开发新产品之前，先写一份假设产品已经成功推出的"新闻稿"。这种"未来回溯"的方法，迫使团队思考产品的核心价值和潜在挑战，而不是陷入技术细节。

我也曾给一些国内的创新企业建议过类似的方法。我辅导过的一个互联网企业在开发新产品时，常常会在内部论坛上发起讨论，让员工扮演用户的角色，提出他们最关心的问题。这种方法不仅帮助企业更好地定义产品，也培养了员工的"用户思维"。

数据审问与背景分析

本书强调，优秀的决策者应该成为严谨的数据审问者。这并不意味着你需要成为数据科学家，而是要学会问正确的问题。例如：数据的来源是什么？我们是否遗漏了重要的数据？这些数据在历史和竞争环境中意味着什么？

书中提到了一个经典案例：第二次世界大战时期，美军工程师在检查从战场返回的飞机时，发现机翼和机身受损最严重，因此建议加强这些部位的装甲。但统计学家亚伯拉罕·沃尔德（Abraham Wald）指出，他们忽视了一个关键事实：这些是幸存下来的飞机。真正需要加强装甲的是那些没有返回的飞机最容易被击中的部位，如驾驶舱和发动机。这个案例生动地说明了，如果不考虑数据的背景和可能存在的偏差，即使看似合理的结论也可能完全错误。

我曾在帮助某快消品公司分析他们的销售数据时发现，他们的产品在三、四线城市的销量远低于一、二线城市。该公司最初得出结论，认为应该加大在三、四线城市的营销投入。但经过深入调研后，他们发现真正的原因是产品定位和包装设计更符合一、二线城市消费者的喜好。因此，仅仅看数据是不够的，还需要深入理解数据背后的原因。

培养数字直觉

在这个数据泛滥的时代，我们常常被各种数据淹没，仿佛每一个决策都需要海量的信息支持。然而，本书告诉我们，有时候"少即是多"。关键在于如何智慧地使用有限的数据，做出明智的决策。

本书提到，"大致正确"好过"精确错误"。作者介绍了费米估计法，这是一种快速估算的方法，可以帮助决策者在没有精确数据的情况下做出合理判断。

比如，如果你想估算中国某二线城市共享单车的市场规模，虽然可能没有准确的数据，但通过一系列合理的假设和粗略计算（如城市人口、骑行人群比例、平均每天使用次数、单次骑行价格等），你可以得到一个大致的数量级。这种方法不仅能帮你快速做出判断，还能培养你对数字的直觉。

书中提到，数据只是工具，洞察才是目标。我们需要学会从数据中提取有价值的信息，而不是被数据所淹没。就像在一片沙漠中寻找绿洲，我们需要敏锐的眼光和智慧的判断。

华为创始人任正非也非常强调这种"数字感"的重要性。他曾说过："没

推荐序一 大智若"愚":数据时代的明智决策之道

有数字感,就没有科学管理。"华为要求员工在汇报工作时不能仅仅说"增长很快"或"效果很好",而是要给出具体的数字或百分比。这种做法培养了员工的数字直觉,也为公司的决策提供了更可靠的依据。

避免常见的决策陷阱

书中还深入探讨了决策中的常见陷阱,如过度自信和证实性偏差。以可口可乐公司1985年推出新配方的失败决策为例。当时,可口可乐进行了大量的盲品测试,结果显示新配方更受欢迎。但他们忽视了一个关键因素:品牌认同感。消费者不仅仅是在品尝一种饮料,他们还在消费一种文化符号。这个案例生动地说明了,即使有大量数据支持,如果忽视了关键的背景因素,决策仍可能走向失败。

此前,某知名国产手机品牌曾根据市场调研数据,认为消费者最在意的是手机的性能和价格。因此,他们推出了一款性能强劲、价格适中的新机型。然而,这款手机的销量却不尽如人意。深入调查后发现,除了性能和价格,中国消费者还非常看重手机的外观设计和品牌调性。这个案例说明,仅仅依赖某些维度的数据,而忽视消费者行为的整体性,可能导致决策失误。

大智若"愚",在不确定性中从容决策

在这个数据驱动的时代,我们常常误以为只要有足够的数据,就能做出完美的决策。然而,本书揭示了真正的挑战并非数据的缺乏,而是缺少正确使用数据的判断力。

本书为我们提供了一个全新的视角,帮助我们在数据的海洋中找到真正重要的信息,并将其与人类的智慧和经验相结合。它教会我们如何在数据和直觉之间找到平衡,在不确定性中做出更明智、更自信的决策。

对于中国的管理者和决策者来说，这本书的洞见尤为宝贵。在中国快速变化的商业环境中，我们常常面临信息不完整、时间紧迫的决策场景。"定量直觉"的方法论可以帮助我们在这种环境下做出更好的决策。

同时，这本书也启发我们思考：在人工智能和大数据日益普及的今天，人类的判断力和洞察力将扮演什么样的角色？也许，正如书中所言，未来最成功的决策者，将是那些能够巧妙结合数据分析和人类智慧的人：他们既尊重数据，又不被数据束缚；既相信科技，又不忽视人性。

最后，我想引用中国古语"大智若愚"来概括本书的核心思想。在这个崇尚"大数据"的时代，懂得如何明智地使用"小数据"，反而可能是一种更高级的智慧。这种智慧，不在于掌握多少数据，而在于能否透过纷繁复杂的数字表象，洞察事物的本质。这正是本书带给我们的最有价值的启示。

推荐序二
DECISIONS
OVER
DECIMALS

智能新时代的决策新视角

黎科峰　博士
数势科技创始人兼 CEO

在数据洪流的时代背景下，我们已跨越了数据稀缺的初级阶段，迈入了一个由大数据与人工智能技术深度融合所推动的智能新时代。在这一新时代，尽管人工智能可以处理并分析海量数据以辅助决策，但我们仍需保持清醒，认识到技术奇点尚未到来，决策根基仍深深植根于人类的智慧与判断力之中。本书以商业决策为切入点，深入探讨了数据时代下，如何平衡人类直觉与数据信息，以实现更精确、高效的决策目标。

本书重点阐述的"定量直觉"理念，为管理者及行业从业者提供了一种崭新视角：在复杂多变的市场环境中，通过精准的提问、深入的背景分析及全面的信息整合，来锻炼并提升个人的决策能力。

本书译者车品觉老师是中国数据决策领域的开拓者和领军人物，在工业届和学术界都有多年的沉淀，也是行业内最早提出构建统一大数据平台整体驱动业务的专家。我和车品觉老师相识多年，无论是我在京东负责零售技术体系期间，还是创办数势科技这些年，都得到车老师非常多的支持。我对车品觉老师花费无数心血使本书问世深感敬意，也希望有更多的中国读者能通过阅读本书有所收获。

推荐序三
DECISIONS
OVER
DECIMALS

在直觉与信息之间取得平衡

托马斯·M. 加利齐亚（Thomas M. Galizia）
Alphabet Google 首席商务官
德勤咨询公司资深专家

2020 年 2 月，我作为演讲嘉宾来到哥伦比亚大学位于上西区的校园，参加弗兰克、马尼奥内和内策尔的"定量直觉"高管研讨会。我曾与马尼奥内在商业领域有过多年的密切合作，并且对他与弗兰克、内策尔在哥伦比亚大学的研究有所了解，因此我急切地想要作为演讲者和学习者参与这次研讨会。与会者包括来自各行各业的 45 位政、商、学界领袖，他们才华横溢，在各自领域威望素著。那么，他们为何而来？

人们常说"事后诸葛亮"，意思是往往在事情发生过后才能把问题看得更清楚。那如何才能有"先见之明"呢？

《小数决策》根植于三位作者 7 年多来每年讲授 4 次的定量直觉课程以及在不同领域的数十年丰

富经验，阐明了以特定方法思考和处理信息的方式和原因，同时还提供了一系列工具和技巧，帮助读者从根本上做出更周到、更明智的选择。

这本合著书将每位作者的独特观点、宝贵见解和相关经验集中呈现在读者眼前。本书的编排结构提供了一个明确的"端到端"框架，无论是从部分还是从整体来看，都将提高读者的战略思维和执行能力。

作者并不是要求定量直觉学习者和本书读者以牺牲速度为代价来提高预见能力。他们的目标恰恰相反——做出更有效且更高效的决策。

我经常在我的客户和商业伙伴中看到因将"效果"和"效率"作区分而产生副作用的现象，持这种二分法观点并采取行动往往会让那些亟须快速决策的企业陷入瘫痪。《小数决策》的突破之处在于给出了一个兼顾效果和效率的方法，将数据分析与人类洞察力相结合，实现平衡决策。

我喜欢阅读以业务为导向的领导和管理类书籍，而《小数决策》正是这类书，因为该书以行动为导向，注重实际，令人耳目一新。我已经用作者的方法在找准商机、重塑董事会的决策过程、协调各利益方观点等方面取得了成功。本书面面俱到，不仅为决策设立了周全的"防护"，还揭示了潜在的盲点，有助于更好地平衡直觉与信息，而大多数企业决策往往在这两者之间有所偏颇。

如今，数据以越来越快的速度爆炸式增长。在这样的背景下，《小数决策》可以指引读者更好地应对不确定性，在进行重要的抉择时做到心中有数。

译者序
DECISIONS
OVER
DECIMALS

在数据洪流中找到方向

车品觉
阿里巴巴前副总裁
红杉资本中国基金专家合伙人

在大数据和决策科学的研究与实践日益成为商业竞争力的关键因素之际，本书为我们提供了一个全新的视角，它挑战了传统决策过程中的许多固有思维，并引导我们在数据驱动的世界中寻求更有效的决策方法。通过丰富的案例分析，本书的作者克里斯托弗·弗兰克、保罗·马尼奥内和奥代德·内策尔向我们展示了如何在直觉和数据分析之间找到平衡点。

作为一名长期在大数据领域工作的专家，我深知在快速变化的商业环境中，有效利用数据进行决策的重要性。这不仅仅是一本关于数据分析的书，更是一本关于如何在复杂决策中利用数据来支持直觉，从而达到更加科学和系统的决策方法的指南。

本书的核心观点强调了在决策过程中既要考虑

数据分析的精确性，又要兼顾直觉思维的非线性。这种方法为决策者提供了一种新的思维工具，帮助我们在面对大量信息和复杂情境时，能够更快、更准确地做出决策。特别是在大数据时代，我们每天都会被海量的数据包围，如何从这些数据中提取价值，是每一个数据专家和商业决策者必须面对的挑战。

我向所有希望提高个人和组织决策能力的专业人士强烈推荐这本书。无论你是数据科学家、商业分析师还是企业高管，你都会在这本书中找到宝贵的知识和实用的策略，这些都将帮助你在数据洪流中找到方向，把握决策的精准度和效率。

前 言
DECISIONS
OVER
DECIMALS

如何更快更好地做出决策

能够依靠数据自信地做出明智决策的人有什么特点？成功的决策者绝非拥有卓越的分析能力，却能在数据、经验和直觉之间取得平衡，迅速整理信息、做出判断、深入审视数据，形成敏锐的洞察力。他们知道决策不仅仅需要数据，因此不会沉迷于数据分析。他们运用一阶原则来理解一个决策到底是什么，为什么必须做出这个决策，以及这个决策想要达到什么目的。然后，他们寻找相关数据来帮助自己做出这个决策。简而言之，他们能利用不完整的信息做出明智的决策。

这种快速决策的方法利用一套与众不同的技能，将信息和直觉相结合，以改变思维方式。我们把这种方法称为定量直觉。多年来，我们一直在研究如何做出有效和高效的决策，而定量直觉就是这一研究的成果。长期以来，人们一直在争论大数据的价值、准确性和多样性，这一趋势将问题的重点从数据探索转向数据筛选。本书深入探讨了利用不完整信息做出明智决策的定量直觉方法。该方法采用一套快速响应的工具来解决业务的核心困难，使决策者能够快速分析和整合数据，大胆且自信地做出有效的决策。这种方法需要我们摈弃长久以来形成的如下思维定式：大量数据是消除所有不确定性并做出完美决策的灵丹妙药。

现在有如此多的数据可用，领导者们往往误以为这些数据既能发现问题，也能提供答案。他们关心的是能从数据中发现哪些真知灼见，而不是要用数据解决什么基本问题。他们以为自己在进步，但实际上只是原地踏步、徒劳无功。

本书的三位作者均曾任职于竞争激烈的快节奏行业，这些行业很容易迷失于数据洪流。无论是在效力于创业公司和科技龙头企业的过程中，还是在著名院校任教或者与世界各地人士合作的过程中，我们都发现了这种现象。

《小数决策》独辟蹊径，将理论与实践相结合。克里斯托弗·弗兰克现为美国运通公司研究与分析部副总裁，此前曾效力于微软公司。保罗·马尼奥内现就职于谷歌公司，此前曾效力于 IBM 公司和德勤咨询公司，他在日常决策方面颇有心得。奥代德·内策尔是哥伦比亚大学商学院的科研副院长、Arthur J. Samberg 讲席教授，也是哥伦比亚大学数据科学研究所的成员，同时在亚马逊公司担任亚马逊学者。弗兰克和马尼奥内都是哥伦比亚大学商学院的兼职教授，并与内策尔一起在哥伦比亚大学讲授定量直觉课程。

弗兰克、马尼奥内和内策尔的自述如下。

弗兰克：我拥有技术、创业和咨询的工作背景和斯蒂文斯理工学院的理学硕士学位。我擅长定量分析，但很快意识到这还不够。我的第一份工作是 IT 开发，这份工作只是单纯地执行公司交代的任务。此后，我进入咨询行业，通过系统性的观察、测量以及假设的拟定、检验和修改等科学方法来解决商业问题。

前　言　如何更快更好地做出决策

后来，我在微软的企业营销研究和市场洞察部门担任了10年的高级主管。我刚来的时候，该部门只有8个人，而当我离开的时候，人数增加到了103人，这表明分析在决策过程中的作用越来越重要。我喜欢数据，并很快意识到我最有价值的工作是将数据转化为商业成果。我将分析结果与商业战略相结合，创造客户对产品的需求和品牌的吸引力。我的日常工作重心是将态度、行为和结果与客户的需求、需要和渴望联系起来，推动企业发展。我开发了一系列方法来加强对客户的全面了解，从而做出更周到的决策。在本书中，我将讨论如何将这些实用的方法应用到日常决策中，帮助团队站在更高的高度看问题，从而取得更好的效果。

马尼奥内：内策尔和弗兰克是从分析的角度来解决决策问题，而我则是从组建团队、促成交易和建立战略合作伙伴关系的角度入手。弗兰克和我是大学校友，我们都擅长运用科学方法解决问题。目前，我就职于谷歌。

从工程学院毕业后，我在IBM工作了20年，与各种各样的客户打过交道。加入IBM大约10年后，我来到了互联网时代的前线，与硅谷、欧洲和以色列的风险投资公司及其投资组合公司合作。在与风投公司合作了一段时间后，我意识到IBM拥有开展创新所需的所有资源。我成了常驻创业者（内部创业者），创办了新的IBM业务部门，开发了一些专利，在30多个国家开展业务，并收购了多家小型软件公司。所以，如果你问我如何做出一个优秀的决策而不仅仅是一个说得过去的决策，我会回答：你选择对了吗？优秀和说得过去之间的区别可能只在于几个不同的选择。你如何发现并做出那个正确的选择？弗兰克和我周末会在线上聊天室面对面喝咖啡，这时候我会说："弗兰克，你的工作是市场研究。你告诉我，我为什么没有在大海里找到那根针？"这就是本书的起源，也是将研究与一线应用相结合的由来。

XV

离开 IBM 后，我加入了一家处于 5G 网络前沿领域的小型电信软件公司，后来又进入德勤咨询公司创新部门。现在我供职于谷歌，从事云业务。我重视学术观点，帮助塑造了本书中的许多战略模型；我也具有实战经验，试图弄清楚有哪些实用技巧有助于将直觉（感性）和定量（理性）相结合。

将直觉和定量相结合对领导者和团队来说是个难题，但只有取得二者恰当的平衡，才可以快速、自信地前进。这就是本书的重点。我们从一线工作经验中，找到了快速有效地将二者相结合的具体方法，并且形成了一条清晰的线索。我们给许多高管和未来管理者讲过课，在竞争激烈的高度矩阵化行业中与跨国企业有过互动，我们从这些集体经验中得出了定量直觉的概念。

有许多关于决策的书都很好，而我们想要做出一点有益的补充，探讨如何在数据智能和人类判断之间取得平衡。本书旨在分享一些技巧，帮助你做出更明智的决策。你不需要掌握高深的数学知识就能读懂这本书，学会定量直觉方法。本书会告诉你，想要成为一个有效的决策者，应该依靠数据，但同时又不能被数据淹没。

内策尔：如果用 3 个字来形容我，那就是"书呆子"；如果用 4 个字来形容，那就是"数据宅男"。我喜欢盯着数据，总结其中的模式，探索商业应用前景。我有时会错过数据能提供的有用见解，有时又会从中总结出一些实际并不存在的模式，偶尔还会发现一些非常有趣和有用的东西。严格来说，我的工作是向本科生、MBA 学生、数据科学硕士生和博士生以及参加高管培训项目的企业高管传授我在数据驱动决策方面的实践心得。我还从事研究和顾问工作，我的研究工作致力于解决数据富集环境下的一个主要商业挑战：开发定量方法，利用数据来深入洞悉客户行为并为公司决策提供指引。同样，我在《财富》500 强企业和创业公司的顾问工作以及作为亚马逊学者的工作，都侧重于利用数据做出更好的决策。

在获得工程学学位后,我与数据驱动决策结缘,并与之建立了"爱恨交加"的关系。我从咨询做起,咨询是一个定量与直觉交叉的领域。几年之后,我意识到咨询师用来解决复杂问题的工具对于定量直觉问题来说过于简单了。于是,我转向学术研究的另一领域,前往斯坦福大学攻读统计学硕士学位和市场分析博士学位。以前,我在酒会上需要花整整15分钟才能解释清楚我的工作(数据宅男肯定不是酒会的主角!)。但现在,数据科学已经成为家喻户晓的术语,所以我从事的领域更容易被解释了。后来,我放弃了加利福尼亚州的阳光,来到纽约,开始了城市生活。在过去的18年里,我一直在哥伦比亚大学给高管和未来管理者授课。多年的数据驱动决策教学使我得出了一个重要的发现,那就是人们常常害怕使用数据来做决策,因为他们误以为数据驱动决策是数学学霸的专利。正如我们在本书中所说的,这是个误区。数据驱动决策需要很多技能,但其中并不包括强大的数学技能。在本书中,我分享了自己多年来的教学、研究和企业工作经验,探讨了如何将直觉和商业敏锐度转化为有效的商业决策。

《小数决策》强调了如何简化决策过程。本书常读常新,每读一遍都会有新的收获和感悟。**定量直觉的价值不局限于特定的行业或地域,其远远超出了商业世界的范畴。**

定量直觉旨在促使人们在不忽视大数据的情况下跳出大数据的藩篱进行思考,在追求完美决策的同时认识到:永远不可能存在真正完美的决策。

目　录
DECISIONS OVER DECIMALS

推荐序一　　大智若"愚"：数据时代的明智决策之道

　　　　　　　　　　　　　　　　　　　　　　檀　林
　　　　　　　　　　　　　　　北大汇丰商学院未来实验室首席未来学家

推荐序二　　智能新时代的决策新视角

　　　　　　　　　　　　　　　　　　　　黎科峰　博士
　　　　　　　　　　　　　　　　　　数势科技创始人兼 CEO

推荐序三　　在直觉与信息之间取得平衡

　　　　　　　　　　　　　　　　　　托马斯·M. 加利齐亚
　　　　　　　　　　　　　　　　Alphabet Google 首席商务官
　　　　　　　　　　　　　　　　　　德勤咨询公司资深专家

译者序　　　在数据洪流中找到方向

　　　　　　　　　　　　　　　　　　　　　　车品觉
　　　　　　　　　　　　　　　　　　　　阿里巴巴前副总裁
　　　　　　　　　　　　　　　　红杉资本中国基金专家合伙人

前　言　　　如何更快更好地做出决策

第一部分　**精确提问，界定问题**　　　　　　　　　　　001

第 1 章　什么是定量直觉，以及确定性的两大误区　　　003
　　　　　什么是定量直觉　　　　　　　　　　　　　　005
　　　　　为什么要把直觉与数据相结合　　　　　　　　013

		过度自信，直觉带来的偏差	017
		锚定偏差，数据带来的偏差	020
第 2 章		提出有力的问题，成为房间里最聪明的人	023
		严厉地提问，是定量直觉的基础	026
		精确提问，现代版的苏格拉底法	027
		精确提问的 4 类问题	028
		建立好奇文化的 3 个步骤	029
		房间里最聪明的往往不是知道答案的那个人	034
第 3 章		运用 IWIK 方法，界定问题	039
		IWIK 方法，找到需要解决的核心问题	042
		IWIK 方法的 4 个步骤	043
		运用 IWIK 方法，防止被数据洪流淹没	053
第 4 章		逆向工作法，以退为进地思考问题	057
		定义问题，自上而下的视角	060
		逆向法，利用框架内思维	066
		走人迹罕至的路	068

第二部分　在背景中理解数据，从分析走向综合　073

第 5 章		数据情景化，成为严厉的数据审问者	075
		如何评估数据及其可靠性	078
		审视数据的黄金法则，将数据置于背景中	090
		对分析进行压力测试	091

目 录

第 6 章　培养数字直觉，"大致正确"好过"精确错误"　099
　　近似的力量，危地马拉农家乐的市场规模有多大　101
　　学会猜估，像费米一样思考　103
　　如何在实践中运用近似法　105
　　猜估为什么有效　106
　　习惯使用近似法，避免不必要的"力求精确"　108
　　在定量直觉框架内的每个步骤都使用猜估方法　111

第 7 章　从分析数据到信息综合，从数据到建议和行动　113
　　信息综合有何益处　115
　　把底线变顶线　118
　　为什么人们在工作中较少做信息综合　119
　　鼓励团队成员独立地做出信息综合　121
　　从"什么"到"该怎么办"　123

第三部分　做出决策，交付决策，打造定量直觉组织　125

第 8 章　决策时刻，3 个不得不考虑的维度　127
　　标志决策时刻到来的 3 个维度　129
　　使用定量技能和直觉来平衡 3 个维度　134
　　决策可逆性，与风险维度密切相关的因素　141
　　模糊性和不确定性，决策时刻的最后考量　144
　　从 IWIK 方法到决策　147

第 9 章　交付决策，如何获得利益相关者的支持　151
　　讲故事，占据中心地位的技能　153

		采用合适的叙事方式，让决策获得支持	155
		促成行动，而非告知情况	164
第 10 章		放弃完美主义，敏捷决策的 7 个策略	167
		策略 1：为决策寻找理由	170
		策略 2：界定结果	175
		策略 3：决策分类	178
		策略 4：缩小决策范围	179
		策略 5：适当调整决策者人数	181
		策略 6：对决策进行压力测试	184
		策略 7：寻求同意而不是共识	187
		完美的决策并不存在	189
第 11 章		创建定量直觉文化，招聘人才，打造团队和组织	191
		招聘具备定量直觉技能的人才	194
		打造定量直觉团队	199
		打造定量直觉组织	204
第 12 章		数据驱动决策的未来，我们如何做好准备	207
		自动化会取代人类判断吗	209
		采用数字孪生技术，做出更好的预测	213
		概率性思维，而非确定性思维	215
		腾出时间做更多决策	218
后 记		如何成为一个更好的决策者	221
致 谢			225
参考文献			229

DECISIONS OVER DECIMALS

第一部分

精确提问，界定问题

DECISIONS

第 1 章　什么是定量直觉，以及确定性的两大误区

OVER

DECIMALS

小数决策　DECISIONS OVER DECIMALS

我们首先要揭开两个常见的误区。

第一个误区是，只有数学专家才能用数据做决策。这种错误的观念阻碍了许多人用数据做决策。实际上，数据驱动决策不是一种选择，而是一种刚需。不管你的数学好不好，你都需要以数据驱动决策。掌握高深的数学知识并不是成为一名优秀决策者的核心要求。这就像是一名赛车手并不需要像机械工程师一样熟悉赛车的各个零部件，他只需要了解赛车的基本原理，就有可能成为出色的赛车手。对商业决策者的真正要求不是拥有强大的数学天赋和深厚的数学造诣，而是对数据的重视以及将数据应用于业务的能力。

第二个误区是，只要我们有了大量的数据，就能最终做出完美的决策。当今世界面临的挑战不是缺乏数据，而是缺乏使用数据的判断力。这似乎又回到了第一个误区，也就是认为只有数学专家才能做出数据驱动的明智决策。实际上，不用成为数学专家，你只需要用判断、经验和直觉来权衡数据。这些要素才是定量直觉的核心。

许多人都非常熟悉以下场景。在某个会议上，演示一直在进行，一张接一张的幻灯片上都是数字。当播放到第 25 张幻灯片时，房间后面突然传来一位女士的声音,这是参加会议的其中一名高管。她举手说道:"请暂停一下,这里好像有问题。这张幻灯片底部显示的销售额与第 9 张幻灯片显示的销量对不上。"这名高管正是做了定量直觉决策者所做的事情。她不是仅以眼前显示的数字来评估数据,而是靠自己的经验对数据做出判断,并与先前显示的数据进行比较。那么她是通过了解微积分方程还是在脑子里反复计算才得出这个结论的吗?或者,她需要在数学上拥有深厚造诣才能发现数据上的漏洞和缺陷?答案都是否定的,她可能只用小学五年级的数学知识,就能将第 9 张幻灯片上的销量乘以产品的价格,得出第 25 张幻灯片上的销售额并作出比较。事实上,是她的直觉在第一时间告诉她,第 25 张幻灯片上的销售额似乎不对,这引起了她的警觉。正是这种警觉以及将数据置于具体背景中进行判断的能力,造就了一位以定量直觉为导向的决策者。**定量直觉就是将直觉与数据联系起来,把数据放在商业环境的具体背景中,并提出精准的问题。**

什么是定量直觉

有很多企业和公共政策的失败案例,其中包括:可口可乐公司推出新的可乐配方,但几个月后就下架了;美国国家航空航天局(NASA)决定在佛罗里达州一个异常寒冷的夜晚发射"挑战者"号航天飞机[①];美国 Juicero 公司生产和销售售价 700 美元的高档联网果汁机,但这家公司没过多久就销声匿迹了。所有这些案例(我们将在后文进行详细讨论)都有一个共通之处:**它们的问题不在于缺乏数据,也不在于数据本身,而在于缺乏将数据转化为合理决策所需的判断力。**随着数据越来越无处不在,我们将越来越难以抵制从数据中得出宏大结论的诱惑。因此,我们必须把这些失败案例作为宝贵的经验教训加以学习。本书讲述的定量直觉方法将有助于我们更好地认识和理解问题,

---

[①] "挑战者"号航天飞机在升空 73 秒时爆炸解体并坠毁,机上 7 名宇航员丧生。——编者注

从而更有效地做出合理决策。

数据的定量分析备受重视，因为定量分析往往被认为是明确的。数据是一种通用语言，每个人都或多或少地在使用它。人类往往不仅害怕失败，也害怕未知，所以如果我们认为得到的数据是可靠的，那么通常会得出两个结论：第一，这些数据将使我们免于失败；第二，这些数据将提供确定性。然而，这两个结论都是错误的。

数据和数字往往给人留下一种准确和确定的印象，但它们很少能提供我们所需要的一切。数字本身无法提供完美的解决方案或答案，也无法使决策者免于犹豫不决。另外，难以衡量的直觉经常被人们认为主观性太强、容易受到认知偏差和人为操纵的影响，因此名声不佳。然而，直觉是发自内心的，植根于对基本信念的理解，用企业的行话来说就是商业敏锐度。如果直觉能与数据很好地进行对比并结合，那么它们将指引你做出更好的决策。

定量直觉是结合了直觉的数据分析，这乍听起来互相矛盾，但实际上是有效决策的关键所在。简单来说，定量直觉是指通过精确提问、背景分析和信息综合，利用不完整的信息，总览全局做出决策的能力（见图1-1）。

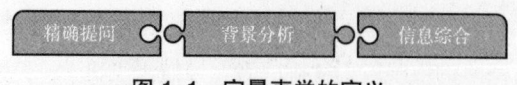

图 1-1　定量直觉的定义

在这个数据驱动的世界里，直觉与定量思维的结合是进行决策的必要组合。定量直觉使我们在面对不确定性时能够更加自信地做出决策，通过在数据智能和人类判断之间取得适当的平衡，帮助我们应对风险和不确定性。

我们生活在大数据的世界里，但我们仍然在寻找更多的数据，而且经常质疑已经拥有的数据，并因为对这些数据无所作为而感到沮丧。我们让越来越多的数据和分析盖过了人们的判断，从而忽略了一个可以帮助我们做出周

第1章 什么是定量直觉，以及确定性的两大误区

全决策的强大组合。单纯的定量信息即使再多，也无法为经营企业、发展业务或领导团队提供所需的确定性和答案，因而必须将定量信息与通过经验和密切观察形成的判断——直觉结合起来。本书揭示了大数据的认知和使用误区，提出了一套定量直觉方法，试图弥合分析和直觉之间的鸿沟。

那么，什么是直觉？在决策中，直觉是人类通过经验和观察所形成的判断。可以根据3个不同的特征来进一步定义直觉：它是一个潜意识过程；它涉及平行思维，即全局思维，而不是顺序思维或分析思维；它涉及第六感和大脑。接下来让我们更仔细地探讨这3个特征。

直觉主要是一个潜意识过程。即使你有意识地阐述问题，或者对直觉判断的结果进行理性解释，但直觉仍不需要付出心力就能产生。

潜意识与有意识的区别在诺贝尔经济学奖得主丹尼尔·卡尼曼（Daniel Kahneman）[①]的开创性著作《思考，快与慢》中得到了详细阐述。这位以色列裔美国心理学家和经济学家在书中介绍了系统1和系统2的概念，用以描述大脑形成思维的不同方式。

系统1是快速、自动、无意识的。比如当我们迅速地把手从滚烫的炉子上移开，或者躲闪向我们撞来的汽车时，就是系统1在发挥作用。如果你想象上述场景，那么系统1现在可能正在起作用。你在没有意识到的情况下做出了反应。

系统2则更慢、更理性、更费力。当我们回忆一系列数字，或者阅读专业性非常强的文章时，我们就依赖于这个系统。当你在思考45乘以97等于多少时，你的系统2就开始工作了。

直觉完全属于系统1的范畴。在我们知道答案之前，直觉就告诉我们答

[①] "行为经济学之父"丹尼尔·卡尼曼继《思考，快与慢》后的又一著作、行为科学领域又一重大发现《噪声》已由湛庐引进、浙江教育出版社出版。——编者注

案了。在我们有意识地想要移动脚之前，直觉就让我们到了楼梯的顶端。

直觉的第2个特征在于它是平行的，而不是有顺序的。当运用直觉时，我们是从整体上看问题，同时考虑问题的所有方面。神经突触剧烈活动，使我们能够迅速地总览全局，就像天赋异禀的国际象棋选手可以在脑海中演练棋步以预测结果一样。在决策中，数据分析师接受的训练是系统地、按顺序执行数据分析的各个步骤，而决策者通常需要并行处理不同的数据，从而做出判断。

最后，直觉涉及第六感和大脑。所谓的直觉就是发自内心和本能的判断。

马尔科姆·格拉德威尔（Malcolm Gladwell）的畅销书《眨眼之间》（Blink）中有一个著名的案例，生动地展示了直觉的这3个特征，特别是最后一个特征。格拉德威尔写到，一位名叫加里·克莱因（Gary Klein）的研究员讲了这样一个故事。一队消防员冲进一栋着火的房子里，起火点似乎是在厨房，于是他们试图用水灭火，但火势依旧。在燃烧的房子里待了几分钟、观察了情况后，消防队队长下令让大家立即撤离现场。就在他们撤离几秒钟后，地板坍塌了。如果他们还在里面，可能会当场死亡。

此后，人们发现起火点并不是在厨房，而是在地下室。当消防队队长被问及是什么原因促使他突然做出撤离决定、紧急命令所有人离开时，这位消防队队长无法给出一个确切的原因。他没有具体的信息支持以做出理性的决定，但有些东西告诉他必须这么做。他觉得是直觉告诉他的，他也说不清楚到底是怎么回事。

火灾现场的种种迹象有点不同寻常、令人费解，这使得消防队队长做出了立即撤离的英明决定。后来的多次询问表明，消防队队长对他潜意识中的线索和暗示做出了反应。当时他并不知道这一点，但他注意到火情异乎寻常地安静，而且如果起火点在厨房的话，地板不应该那么热。这就是第六感和大脑结合起来平行地进行思考：眼睛观察火情，耳朵捕捉噪声，以及身体感受到比所见火势更强烈的炙热。也许数百起其他火灾的数据表明，起火点最有可能是在厨房，因为绝大多数火灾都是从厨房开始的，但如果消防队队长没有听从自己的直觉，后果将不堪设想。

在生死攸关的情况下，直觉往往会占据主导地位。被系统 1 主导是有必要的，这是人类几千年来形成的一种原始本能。但在通常情况下，企业的管理者和决策者很少需要在几秒钟内做出干系重大的决策。正是在这些情况下，我们可以同时利用直觉和定量知识，让它们彼此互补。

生死攸关的情况十分罕见，我们大多数人都不会遇到。那么我们能够多么频繁地迅速察觉问题的存在？答案是：每天。当你与同事的谈话出现停顿时，在没有额外数据支持的情况下，你会开始问自己一些问题，以证实这种突然出现的直觉；当你与家人和朋友在一起吃饭时，甚至是在文字聊天中，话题的转移或回答的延迟，也会激活你的直觉。为了让这个直觉信号不具有破坏性，你最好将它与事实联系起来，为你刚刚遇到的问题寻找答案，这就是定量直觉。

将定量思维和直觉相结合，意味着能够在数据不完整的情况下自信地做出决策，消除对失败的恐惧，同时意味着对所有重要的问题采用平行思维，将多个不同数据转化为一个决策，而不是单独地、按顺序考虑每一个数据。此外，这还意味着发现隐藏的模式，提高我们的商业敏锐度，同时思考我们愿意为这些模式和数据赋予多少价值。我们通过提出相关且具体的精确问题质疑这些模式。

多年来，我们一直在哥伦比亚大学、高管培训项目和《财富》500 强企业定制的私人课程中讲授定量直觉的知识。作为课程的一部分，我们要求高管找出他们认为其公司在数据驱动决策方面最大的不足之处。我们让他们从以下 5 个决策步骤中进行选择。

1. 发现问题。

2. 收集数据。

3. 分析数据。

4. 洞察或交付。

5. 实施决策。

虽然每个步骤都涉及定量和直觉的因素，但步骤1、步骤4和步骤5涉及的直觉因素更多，因为涉及领导和管理技能。步骤2和步骤3涉及的定量因素更多，主要涉及分析技能。在我们调查的数百名企业高管中，认为决策过程中最大的不足在于直觉步骤的人，远多于认为最大的不足在于定量步骤的人。**虽然有些高管说他们的公司缺乏可靠的数据，但他们最常见的不足之处是难以发现问题以及将分析转化为洞察和行动。**现在想想，关于数据驱动决策，我们在哪些方面能从外部获得更大的帮助？有很多公司向我们出售数据和最时兴的分析工具，但在发现问题、产生洞察以及将这些洞察转化为行动方面，我们得到的帮助很少。本书所述的定量直觉正是旨在弥补这一不足。

商业决策往往忽视强大的直觉技能和工具。就像我们之前提到的许多失败案例一样，决策者在运用直觉和根据直觉采取行动时可能会感到犹豫、紧张或矛盾。为此，本书将帮助你在定量和直觉两方面双管齐下，将定量直觉整合到你的团队工作方式中。当你面临必须迅速做出的微小决策时，定量直觉将提供帮助；当你面临可能对企业、生活和生计产生巨大影响的重大决策时，定量直觉也会提供帮助。

显然，定量技能是可以习得的。毕竟，我们从幼儿园甚至更早的时候就开始学习定量技能。但我们有时会面临如下问题："人真的能学习直觉这一技能吗？直觉难道不是与生俱来的吗？顾名思义，你要么有直觉，要么没有直觉。"而关于学习的理论认为，许多直觉技能，比如走路、骑自行车或开车，是可以习得的。这只是一个重新应用的问题。威廉·豪威尔（William Howell）

在其著作《同理心沟通者》(The Empathic Communicator)[1]中指出,学习有两个重要的维度:意识(consciousness)和能力(competence)。从这两个维度衍生出学习的4个阶段(见图1-2)。

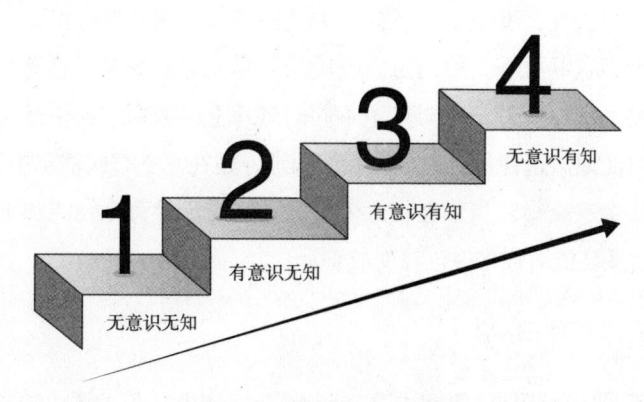

图 1-2 学习的 4 个阶段

在学习的第一阶段,我们毫无头绪,以至于无意识无知,也就是不知道自己不知道什么。然后,在学习的第二阶段,我们有意识无知。例如,我们买了一本像《小数决策》这样的书,听了一场演讲,或者参加了一个在线课程,我们开始意识到自己知识的局限性。又例如,我们知道有一种叫作定量直觉的东西,但我们不知道它到底是什么。然后,随着我们阅读本书的前几章内容,我们不仅知道了定量直觉是什么,而且还学习了一些新的技能,并将之应用到工作中,这时我们正在过渡到学习的第三阶段。在学习的第三阶段,我们知道自己掌握了知识,准备好开始实践我们学到的新技能,但这需要付出努力,用丹尼尔·卡尼曼提出的系统2思维,有意识地仔细思考我们所做的事情。比如,一个蹒跚学步的幼儿,他需要把所有的认知能力都用在走出一步而不摔倒。如果你是一名有经验的司机,想想你刚开始开车上路那几天的情景。你可能会为自己能够驾驶汽车而感到自豪。尽管如此,你必须全神贯注地驾驶,同时还要注意路况和路上的其他车辆。在开车的时候,你必须非常专注,甚至无法分心与车上的乘客交谈。(当然,有经验的司机也应当注意安全，不违反交通规则。）在这个阶段，你知道自己有能力驾驶汽车。

在学习的最高境界，也就是学习的最后一个阶段，我们无意识有知。这个阶段通常被称为习惯或第二天性。我们如此频繁地练习某项技能，以至于它变成了第二天性，变成了直觉。比如走路、开车或骑自行车，一开始必须有意识地学习这些技能，但通过重复应用，它们逐渐变成了直觉。又比如本章开头提到的那位高管，她对比了不同幻灯片上的数据。这一开始很难，她必须全神贯注地做这件事，但现在我们知道，她在几乎每次演示中都这样做，并且下次还会这么做。当你在本书中学习不同的定量直觉技能和工具并开始练习后，这些技能对你来说也将变成直觉。

本书大体分为三个部分。

第一部分侧重于精确提问（第 2～4 章），主要是关于评估情况，有效地界定问题，确定我们想要提出和回答的疑问。我们相信，房间里最聪明的人往往不是能给出正确答案的人，而是能问对问题的人。提问能揭示、反映和验证假设，推动数据驱动决策由问题向行动转变。我们将提供几个工具来帮助你聚焦基本问题。

第二部分侧重于背景分析（第 5～7 章），培养直觉和锻炼数据分析能力，从数据中发现问题并做出决策，在与手头的问题和决策相关时质疑并审问数据和分析。我们将介绍费米估计法（Fermi estimation），教你近似和粗略计算的方法，培养"数字直觉"。你将学习如何成为一名善用直觉的数据审问者，如何把数据和分析放在业务和决策背景下加以考量。

第三部分（第 8～11 章）聚焦于信息综合，将分析转化为洞察，将洞察转化为行动，将行动转化为结果。传统的数据分析以一种系统性的方法来总结数据，为行动提供指引；而本书主张采用平行思维，综合数据和洞察，从而实现敏捷决策。这一部分还讨论了有效沟通对激励行动的重要性。

对于定量直觉方法的三大支柱——精确提问、背景分析和信息综合，我们首先讨论如何解码数据和分析，了解它们的局限性和价值，并以最有效的方式仔细审视和质疑它们。

本书阐释了定量直觉。定量和直觉看似互相矛盾，但当深入阅读本书后，你不仅会意识到定量可以与直觉相结合，还会意识到这是做出明智决策的最佳方法。

为什么要把直觉与数据相结合

虽然我们倡导直觉的价值，主张倾听直觉的声音，但不要误以为我们是建议你完全依赖自己的直觉，把数据抛诸脑后。将直觉与数据相结合的主要原因，在于直觉本身可能会因为一系列偏差而使我们误入歧途。决策中的偏差可能会蔓延开来，一是因为人们在做决策时确实会参考数据，但经常通过有偏差的视角看待数据；二是因为人们可能会忽略数据，完全依赖直觉。

管理和商业书作者喜欢复述的一些观点，在刚提出时被认为是真知灼见，但后来被证明大错特错。美国天文学家克利福德·斯托尔（Clifford Stoll）在1995年为《新闻周刊》（Newsweek）撰写的一篇文章把互联网称为"被吹嘘过头的时髦社区"，这番言论现在经常被人当作笑料。IBM创始人托马斯·沃森（Thomas Watson）曾预言世界将只能容纳"5台计算机"，此话如今已沦为笑谈。爱因斯坦在1932年表示，没有丝毫迹象表明核能将永远可用，此观点现在被人一笑置之。实际上，我们都或多或少地遭受了同样的命运，尽管我们谈论的可能不是以戏剧性方式彻底改变世界的话题。其中的一个著名例子是耶鲁大学教授对联邦快递创始人弗雷德·史密斯（Fred Smith）的评价，当时还在大学念书的史密斯提出了创建联邦快递的想法，那位教授对此的评价后来被证明大错特错。为什么这些聪明且经验丰富的人会做出如此错误的预测呢？最主要的原因是人们受到认知偏差的影响，这些偏差可能会误导他们。作为社会中的一个亚群体，领导者经常抱有类似的、有时甚至更明显的偏差。

面面决策观

一篇得 C 的毕业论文

1944 年 8 月，弗雷德·史密斯出生在美国密西西比州马克斯市的一个富裕家庭，他的父亲在他 4 岁时去世，年仅 54 岁，但在事业上取得了巨大的成功。在 54 年的人生中，他的父亲表现出了卓越的商业敏锐度和非凡的企业家精神，留下了宝贵的遗产。

1925 年，史密斯的父亲从前雇主那里得到一辆旧卡车作为礼物，然后创办了一家客车服务公司。1931 年，灰狗公司（Greyhound Corporation）买下该公司的控股股份，将其更名为 Dixie Greyhound Lines。此后，史密斯的父亲投资了当时刚开设不久但后来大获成功的 Toddle House 餐厅并出任总裁。这家餐厅主要提供外卖，24 小时营业。

尽管家里很有钱，但史密斯的童年却颇为坎坷。他不仅在很小的时候失去了父亲，而且出生时就得了雷卡佩氏病，这种先天性疾病会暂时阻断髋关节的血液供应。在 10 岁之前的大部分时间里，史密斯都需要依靠支架和拐杖走路，尽管他的母亲和叔叔们想方设法安慰他，但他的自信和抱负还是受到了很大打击。

幸运的是，随着年龄的增长，史密斯的情况开始好转。在他十几岁的时候，他的健康状况有了明显改善，最后他完全摆脱了这种疾病，并开始参加体育运动。史密斯学习成绩优异，于 1962 年被耶鲁大学录取。

耶鲁大学对史密斯来说是一个充满机遇的地方。他参加了耶鲁大学兄弟会，并最终成为会长。通过这个兄弟会，他结识了未来的美国总统乔治·W. 布什。他还与后来担任美国参议员和国务卿的约翰·克里（John Kerry）成为朋友。这两个熟人中的任何一个都可

第1章 什么是定量直觉，以及确定性的两大误区

能改变史密斯的一生，但最终定义了他的人生的，是他撰写的一篇看似无关紧要的期末论文。

也许是受到父亲在物流领域创业的启发，又或者是完全出于别的什么原因，史密斯在论文中写到，信息时代曙光乍现，可靠的夜间送货服务势在必行。当时，包裹是通过被塞进商用飞机底部的空余空间进行运输的。一般来说，人们都想在白天坐飞机。商业包裹通常在工作日结束时发出，被期望在次日早上到达目的地。史密斯的想法是创建一家专门运送包裹的航空公司。他在论文中表现出了对这个想法的极大热忱，但他的教授却不以为然地说道："这个想法很有趣，也很有条理，但想要得到比 C 更好的成绩，想法必须可行。"

史密斯于 1966 年毕业，带着学士学位加入了美国海军陆战队。他被派往海外，在那里受到了一种完全不同的教育。他在 1998 年对记者说道："当时我是排长，带领着一群年轻人，他们的背景和我完全不同。他们都是蓝领，有钢铁工人，有卡车司机，还有加油站工作人员。这段经历让我有了一个与大多数高级管理人员截然不同的视角，我得以了解蓝领工人的想法和他们的处事方式，以及如何公平地对待这些人。"

结束两次服役后，史密斯前往美国阿肯色州小石城。在那里，他的继父买下了一家境况不佳的飞机和发动机改装公司。与此同时，史密斯时而会想起自己在耶鲁大学写的那篇经济学论文以及文中的夜间送货想法。一天，在为一种特殊的飞机发动机寻找零件时，他做了一个决定。想要知道那个想法究竟配不配得上比 C 更好的成绩，唯一的方法就是试一试。

他制订了一份陆空联运计划，先将美国各地的包裹运往一个中央枢纽，在那里进行分拣，然后沿着特定的路线或者他所谓的"辐条"夜间运输包裹。包裹将被送到各大城市的机场，然后由卡车运送到最终目的地——无论目的地有多偏远。史密斯的银行账户里还

有从已故父亲那里继承的几百万美元，再加上坚定的决心，于是他将计划付诸行动。联邦快递于 1971 年 4 月开始运营。

2021 年，在联邦快递公司成立 50 周年之际，其市值达到 800 亿美元。对当初的那位教授来说，联邦快递的想法只能得 C，但对史密斯来说，回报却非常丰厚。截至 2021 年 4 月，他的个人净资产估值已超过 65 亿美元。

在为本书进行调研的过程中，我们无法找到多年前给史密斯泼冷水的那位教授。如果能够找到他，我们会出于善意和同情告诉他两件事。

第一，我们会说："犯错的并不只有你一个人。"纵观历史，经不起时间考验的错误预测和言论多得数不胜数。

第二，我们会说："谢谢！"联邦快递的故事很好地唤起了人们的共鸣，甚至像电影一样，展示了偏差在现实生活中如何影响我们做决策的方式。

启发法通常可以被定义为人类大脑用来得出结论或做出决定的经验法则或捷径，这是我们之前讨论过的卡尼曼系统 1 那种思维的核心。启发法让我们的生活得以继续，我们每天 24 小时做的一切事情都需要它。有时，启发法是完全合适的，可以完美地带领我们达到想要的结果，但有时也会把我们引入歧途，导致我们做出错误的决定和判断。在直觉的背景下，了解偏差尤为重要。偏差的存在当然不会降低直觉作为明智决策组成部分的价值，但必须认识到靠直觉做出的决策可能存在偏差。想要避免偏差，我们首先要了解偏差，知道如何驾驭它们。

人类妙就妙在不是机器，正是这一点使生活变得有趣和值得。我们都有各自的观点，塑造这些观点的是我们没有意识到的因素、先入之见以及信念。我们做出的决定总是会受到偏差的影响。但为了成为最有效的决策者，为了能够培养和发展我们的定量直觉，我们必须认识到偏差的存在以及对我们的

第 1 章 什么是定量直觉，以及确定性的两大误区

影响，发现、控制并尽可能地减少偏差。

有很多书都谈到了决策中的偏差。我们的目的不是研究这些文献，而是聚焦于偏差何时以及如何影响我们的直觉思维和定量思维。当纯粹靠直觉开展工作时，一些偏差会变得更为普遍，因为我们没有数据来证明直觉是错误的。另外，当带着偏差去看待数据时，可能会产生其他的一系列偏差。

过度自信，直觉带来的偏差

过度自信可能是阻碍决策者参考数据的最常见偏差。过度自信是错觉的强大来源，因此，在把直觉作为决策工具时，必须意识到这一点。过度自信的残酷本质在于它很难被发现，这纯粹是因为我们常常不知道自己无知。或者换句话说，我们非常自信地认为我们知道答案，根本不会去想我们会不会错了。

决策面面观

DECISIONS OVER DECIMALS

700 美元的榨汁机

从理论上讲，道格·埃文斯（Dong Evans）很可能是对的。2013 年，他创办了 Juicero 公司，生产和销售高档联网榨汁机。当时，人们一定有理由相信，他的企业会取得巨大成功。

健康、富有的美国人渴望用美味来维持他们注重营养的生活方式，于是榨汁机风靡一时。据总部位于美国芝加哥的信息资源公司估计，截至 2013 年 5 月，冷藏果汁和果汁饮料的销售额将超过 66 亿美元。果汁的市场份额超过了饮料的整体市场份额，销售额增长了 7.01 亿美元，增速接近 32%。[2] 这些数据清楚地表明，人们对新鲜果汁的需求正在上升。

大企业也在采取行动，尤其是 2011 年 11 月被星巴克收购的"新鲜革命"公司（Evolution Fresh）。*QSR* 杂志[3]写道："星巴克看好果汁市场，正在建造一家高科技果汁厂，想要将生产和分销能力提高 4 倍，进入'价值 34 亿美元且不断增长的冷榨果汁行业'。"

投资界似乎也看好果汁市场：埃文斯募集 1.2 亿美元作为 Juicero 公司的启动资金，大量媒体正面报道了这一事件。

但产品发布后不久，麻烦开始出现。在最初的火爆之后，需求开始走低，埃文斯被迫将产品的价格从最初的 700 美元下调至 400 美元。一些新闻记者似乎也突然改变了态度。主流观点开始发生变化。

Juicero 榨汁机的工作原理是挤压预先切碎的小袋水果和蔬菜，每袋榨出的果汁能装满一个大小适中的杯子。但彭博社发表的一篇文章指出，只需用两只手用力挤压水果袋，就能在更短的时间内达到完全相同的效果。于是，Juicero 公司受到了猛烈抨击。

人们在社交媒体上指责说，硅谷长期以来痴迷于解决根本不存在的问题，Juicero 公司就是典型例子。2017 年 9 月，该公司宣布倒闭，曾经雄心勃勃的埃文斯吞下了失败的苦果。

定量市场研究可能显示人们有对高档联网榨汁机的需求，而且市场上没有明显的竞争对手，埃文斯甚至可能做出了保守的销售预测，以说明他的商业模式是可持续的。但他是否考虑过一些基本问题？埃文斯自己会不会花 700 美元买一台需要 3 分钟将一小袋水果和蔬菜挤进一个小杯子里的机器？作为顾客，如果他发现自己仅凭双手就可以用更少的时间制作果汁，会不会觉得自己上当受骗了？Juicero 公司的成员或他们的投资者，只要倾听他们直觉的声音，诚实地回答这些基本问题，就能预见到 Juicero 公司的失败。他们过于自信，过于乐观，以为赶上几波风口，就能轻易地从顾客的口袋里榨取 700 美元。

第1章 什么是定量直觉，以及确定性的两大误区

就数据驱动决策而言，过度自信会带来灾难性的后果，因为对错误结论的过度自信会妨碍我们从数据中寻找可能正确的答案。事实上，特定领域的领导者和专家往往比非专家更容易过度自信，因为他们更倾向于认为自己是正确的。

过度自信的"同伙"是乐观偏差（optimism bias）。许多研究表明，企业家被要求估计其公司取得成功的可能性时，他们可能会给出过高的估计；但如果被问及同行取得成功的可能性时，他们往往会给出更低的评价。[4] 事实上，由于坚信自己的想法，企业家往往过度依赖直觉，而忽视了暗示其想法存在风险的数据点，就像 Juicero 公司。

如果决策者主要依靠他们的直觉和可用的信息，可能出现的另一个偏差是可得性偏差（availability bias）。简而言之，可得性偏差是指人们会使用最容易获得的信息来做出判断。人们倾向于认为，如果一个事件或类似事件很容易被想象或回忆出来，那么它就更有可能发生。例如，将 100 人分成两组，第一组被要求估计底特律每年的谋杀案数量，第二组被要求估计密歇根州每年的谋杀案数量，第一组的均值估计很可能高于第二组，即使底特律（密歇根州首府）的谋杀案数量只是整个密歇根州谋杀案总数的子集。

为什么会这样？因为人们更容易回忆起关于底特律谋杀案的新闻报道，而不是密歇根州谋杀案的新闻报道。[5] 底特律谋杀案的新闻报道可能更吸引眼球，于是就有了可得性偏差。

同样，人们经常高估每年因鲨鱼袭击而死亡的人数，因为我们听到的那些事件是如此富有戏剧性或者引人注目，以至于令人难忘，而且由于《大白鲨》这种电影的存在，人们很容易想象出此类事件。

但引入数据并不总是能避免偏差，因为数据本身可能会引发一系列特有的偏差。

锚定偏差，数据带来的偏差

在查看数据时，有时我们会发现不存在的模式，而完全忽略真正存在的模式。一个被广泛引用的例子是 20 多年前两位学者为了测试"选择性注意"而做的一项研究。[6] 研究参与者被要求观看一段视频，视频中的两支球队分别穿着黑色和白色衬衫，他们正在传球。研究参与者需要仔细观察并计算穿白色衬衫的球员的传球次数。在视频播放到一半的时候，一个穿着大猩猩服装的人径直走到球场中央，站在原地拍打胸脯，几秒钟后又离开了。

随后，当研究参与者被问及他们的观察结果时，许多人都可以正确地说出球员的传球次数，但只有不到一半的参与者说他们注意到了中途闯入的穿着大猩猩服装的人。即使被告知发生了什么，大多数人还是声称他们不可能错过这么明显的场景。这是一个很好的例子，说明关注数据的某一方面可能会分散你对数据其他方面的关注，哪怕它像这个穿着大猩猩服装的人一样明显。

做决策时所处的背景会带来另一种相关的偏差——锚定偏差（anchoring bias）。锚定偏差是指与随后出现的数据点相比，人类倾向于更加重视最先出现的数据点。例如薪资谈判中的锚定偏差。对 MBA 学生进行的一项研究证明，锚定偏差的威力相当惊人。在这项研究中，MBA 学生被要求竞标一瓶好酒，但在开始拍卖之前，学生们需要在一张纸上写下其社保号的最后两位数字。这些学生在很大程度上都非常聪明，并且自认为是很理性，虽然他们不觉得社保号跟出价有什么关系，但一次又一次的实验都得出了一个令人惊讶的结果：社保号后两位数字大于 50 的学生，往往比小于 50 的学生出价更高。学生们被要求在出价前写下的完全随机的数字影响了他们的选择，即使他们清楚地意识到这些数字与决定或结果无关。

现在看看商务会议背景下的锚定偏差，比如预测明年业绩的会议。会议开始了，有一个人说出了他对明年销售情况的预测。这时，其他所有人的预测都可能锚定此人预测的数字，无论他的预测是对还是错。有些人即使认为他的预测过高或者过低，也可能会锚定他说出的数字，以此做出自己的预测。更糟糕的是，如果说出第一个数字的人是领导者，那么锚定偏差可能会更明显。在商务会议中，领导者往往都是第一个发言的人，这使得锚定偏差在实践中更加普遍。我们有两条实用的建议来缓解商务会议背景下的锚定偏差。首先，如果会议有关一个特定的数据，那么在会议刚开始时，就要求参加会议的每个人都在一张纸上写下他们估计的数字。这样一来，当讨论开始时，即使容易受到其他锚点的影响，但他们至少也会锚定自己最初估计的数字。其次，如果你是参加会议的领导者，那么你应该最后发言，避免别人锚定你的观点。

当人们查看数据时，一个特别令人不安的严重偏差是证实性偏差（confirmation bias）。证实性偏差是指我们往往过于看重那些明确支持我们观点或信念的信息和数据。正如我们在后文中讨论的那样，成为一名严厉的数据审问者，提出问题，比如"我没有看到什么数据？"或者"谁提供了数据，为什么？"，这有助于发现证实性偏差。与数据有关的其他偏差还包括保守性偏差（conservatism bias）和信息偏差（information bias）。保守性偏差是指人们倾向于偏爱旧的数据，低估新的数据。信息偏差是指人们倾向于寻找新的信息，即使新的信息与我们试图做出的决策没有直接关系。在接下来的几章，当我们讨论确定性和完美决策为什么完全不可能实现时，会一次又一次地谈到信息偏差。

本章要点

- 数据驱动决策不是一种选择,而是一种刚需。当今世界面临的挑战不是缺乏数据,而是缺乏使用数据的判断力。

- 定量直觉是指通过精确提问、背景分析和信息综合,利用不完整的信息,总览全局做出决策的能力。

- 直觉是发自内心的,植根于对基本信念的理解,用企业的行话来说就是商业敏锐度。

- 在直觉的背景下,了解偏差尤为重要。偏差的存在当然不会降低直觉作为明智决策组成部分的价值,但必须认识到靠直觉做出的决策可能存在偏差。

DECISIONS

第 2 章　提出有力的问题，
　　　　成为房间里最聪明的人

OVER

DECIMALS

重要的是不要停止问问题。

——爱因斯坦

按照心理学家的说法，18个月是孩子开始寻找信息的年龄。在大约36个月大的时候，这种初生的好奇心会转变成口头提问。这些问题似乎无穷无尽且毫无规律，随机地从一个话题转到另一个话题。为什么下雨？月亮是什么做的？鸟怎么飞？狗去哪儿了？我们什么时候能去公园？

到3岁时，孩子会自然而然地提出5W和H问题[①]。这些都是开放式问题，意味着必须用更多的信息，而不仅仅用简单的"是"或"不是"来回答。5W和H问题是寻找信息的问题，可以激发出新的想法和对话。当孩子对问题的回答不满意时，他们会持续问下去。

成年人对5W和H问题适宜的回答方式将有助于孩子的成长，加速他们

[①] 5W问题是what（什么），when（何时），where（何地），who（谁），why（为什么）；H问题是how（如何）。——编者注

形成新的思维方式。用另一个问题来反问孩子可以激发他们进行批判性思考。例如，回答"狗去哪儿了？"这个问题时，你可以说："你觉得在哪儿可以找到它？"这可以激发孩子提供新的答案，开启他们新的视角，也鼓励成人与孩子进行不同的对话。

随着孩子渐渐长大，他们提问的频率和复杂性逐渐增加，这表明他们的分析能力在提高。随着思想的成熟，他们会开始对日常生活中的一切充满疑问。任何经常与孩子打交道的人，都可能面对过千奇百怪的问题。

但当孩子开始上小学时，通过提问来学习的好奇心常常会发生转变。当孩子被要求知道答案就举手时，他们的习惯慢慢从提出问题转向给出答案。随着孩子在教育之路上越走越远，这种希望给出答案而不是提出更多问题的状态逐渐得到强化。

当我们步入职场时，同样被告知——你需要找到答案。在工作中，提问的价值经常被忽视。人们希望你找到答案，提出解决方法，但不希望你问更多的问题。比如绩效评估，领导很少花太多时间来强调某人如何挑战现状、开辟新的思路或者激发不同的交流。他们关注的是结果。是的，结果很重要，但如果通过更明智地分配资源或采用更有创造性的策略，效果是否会更显著、风险更小呢？我们常常忽略这样一个事实：最优秀的员工会提出问题，激发批判性思维，从而揭示计划中的薄弱环节，或者发现另一条出路。

像小时候那样爱问问题并不困难。事实上，这需要你向自己提出一个将工作和生活联系起来的问题：我们如何成长？这个问题支撑着每一个项目、每一项要求、每一次会议，甚至是工作和生活地点的选择。很少有人会这么直接地问这个问题，但正是这个问题的答案塑造了我们的工作和生活。

我们在提问中成长。理解了这一点，就能搭好"脚手架"，帮助我们弄清楚如何提高个人的满意度或公司的市场份额，扩大客户群，提高产品使用率，或提升续订成功率。如果你想要成长，就要激发批判性思维。为此，你需要提出有力的问题。

严厉地提问，是定量直觉的基础

虽然我们从小就有提问的天性，但很少有人教我们如何有效地培养提问的能力。在工作中，我们常常忽视提问的重要性，没有意识到提问是工作中不可或缺的技能。

我们没有投入足够的时间和精力把自己和他人训练成有效的提问者。

学会成为一名严厉的提问者是培养定量直觉的基础。

定量直觉的第一个支柱是精确提问。在本章中，我们讨论了一种实用的方法，通过一系列提问来快速发现问题，同时建立和扩大与利益相关者的合作。如果将这一方法执行到位，合作就如同一场舞蹈，舞伴相互交流、支持，随着节奏调整舞步，动作丝滑流畅。

表面上，你知道如何识别和提出问题。根据《牛津英语词典》的解释，问题是为了引出信息而表述的句子。进一步说，提出问题可能会引发一个假设，你可以测试这个假设是否正确或者还需要作出改进。采用科学的方法可以形成"提问—假设—学习"循环，从而产生新的数据以供分析。

提问题是一个持续不断的循环。当你得到新的信息时，你会提出更多的问题，这些问题又可能会引发新的假设，然后你又会对这些新的假设加以测试和完善。这个循环使你能够深究问题的根本原因并得出结论。

当接到工作任务时，你会使用这种方法吗？我们常常忽略这个循环，而将数据决策之旅视为一条单行道。我们期望的是可执行的建议，而且有相关的数据和令人信服的结论予以支持。我们将从 A 点到 B 点的直线视为最有效的路径，而忽略了迭代式的"提问—假设—学习"循环。

精确提问，现代版的苏格拉底法

苏格拉底法是培养批判性思维的最古老也是最有效的方法，由2 400多年前西方哲学创始人之一苏格拉底提出。苏格拉底法通过发人深省的问答来促进学习，其重点是激发出更多的问题而不是获得答案。答案不是终点，而是进一步分析的起点。现代的管理者可以在企业中使用这种方法来激发同事、客户或利益相关者之间的交流。该方法通过一系列步骤引导数据发现之旅，以寻找解决问题的有效前进路径，这些步骤包括审视问题、质疑结果，以及通过不同类型的提问找到真正的答案。

精确提问（precision questioning，PQ）和精确回答（precision answering，PA）是现代版的苏格拉底法，盛行于硅谷。PQ/PA方法由丹尼斯·马蒂斯（Dennis Matthies）和莫妮卡·沃林（Monica Worline）提出，他们是斯坦福大学的教育工作者。精确提问为践行者提供了高度结构化的、一问一答的讨论形式，帮助他们解决问题或者对问题进行深入分析。

使用PQ/PA方法的过程如下：提问者提出一个问题，回答者回答这个问题，然后提问者根据回答者的回答再提出一个后续的问题，以此类推，直到回答者最后说"我不知道"为止。这样做的目的是让回答者尽可能多地回答问题，直至无法回答。这个过程将批判性思维推向更深的层次，能够引出新的信息或分析。

例如，根据我们的经验，分析师在商业演示中通常不会把他们知道的信息全都说出来。这可能不是因为他们不愿意说，而是因为他们过于强调准确性。由于接受的训练和习惯的缘故，分析师经常把注意力集中在具体、理性、可解释的事情上。而通过PQ/PA方法，他们和其他团队成员可以进行更广泛的思考。

本书作者有幸从马蒂斯那里了解到PQ/PA方法的第一手资料。从本质上讲，这种方法具有直接、连续和明确的特点。"提问—回应"模型旨在揭示思维中的弱点。精确提问符合快速收集信息的要求。在一个话题上"打破砂锅问到底"的时候，提问者会尽量避免主观化，这样一来，提问就不会被看作是针对个人的。但这种方法可能不适合某些公司的文化，这取决于提出的问题或者提问者的技巧。为此，领导者必须营造一个更开放的环境。

为了充分发挥PQ/PA方法的作用，领导者应不失时机地从提出问题转向整合问题。优秀的领导者通过营造一种协作学习的环境来做到这一点。在这种环境中，大家可以相互信任、畅所欲言，分享自己的想法，挑战现状。交流取得成功的关键在于思想开明、保持耐心和相互尊重。作为数据驱动型的领导者，你的角色是充当领队，释放和整合团队中每个人的内在知识和看法。提问可以有效地做到这一点。

精确提问的4类问题

提问是一种技能，就像积极倾听、时间管理或相互协作等其他技能一样，我们需要通过训练、实践和应用才能精通。让我们从认识不同类型的问题开始。问题大致分为以下4类。

- **事实性问题**：此类问题的答案直截了当，基于事实或意识。问题可以是开放式的，也可以是封闭式的。问题的答案基于事实，但可能需要对其加以解释。

- **收敛性问题**：此类问题是封闭式的，具有一组有限的答案。通常，这些问题只有一个正确答案。最基本的收敛性问题可以用"是"或"否"来回答。以漫威漫画中的蜘蛛侠为例，蜘蛛侠的超能力是怎么来的？答案明确且具体：他被一只有放射性的蜘蛛咬了。

- **发散性问题**：此类问题是开放式的，可以有多个答案，具有探索性，用来更详细地分析情况、问题或复杂性，然后预测不同的结果。通常来说，提出发散性问题的目的是激发创造性思维或扩大对话范围。例如，如果每个加油站都安装多个快充桩，这将如何改变电动汽车的需求曲线？如果你可以通过换电池而不是充电来为你的电动汽车提供动力，这将如何缓解消费者对电动汽车的续航里程焦虑？

- **评价性问题**：此类问题需要更深层次的思考。问题可以是开放式的，也可以是封闭式的。评价性问题引出多层次的分析，从不同的角度得出综合的信息或结论。例如，A 与 B 的相同点和不同点是什么？

决策面面观

DECISIONS OVER DECIMALS

发散性问题示例

1. 溯源：我们现在为什么谈论这个？
2. 澄清：这是什么意思？
3. 假设：你的假设是什么？
4. 基础：我们怎么知道你的假设是真的？
5. 行动：我们可以做什么？应该做什么？
6. 原因：这种情况为什么会发生？
7. 效果：这会有什么影响或结果？

建立好奇文化的 3 个步骤

"我有一颗永不满足的好奇心"，这可以说是绝佳的个人简介开头语之一。作为领导者，怎样才能建立一支充满好奇心的团队，一支渴望学习的团队？建立好奇的企业文化需要将"什么"和"如何"结合起来。"什么"是指上文提到的4种问题,"如何"是你创造的环境。优秀的领导者创造优秀的企业文化。建立好奇的企业文化有以下3个基本步骤。

1. 从开放式问题开始。

2. 回应而非反应,沉默是金。

3. 提出一系列问题。

第1步:从开放式问题开始

对任何领导者来说,健全的问题库必不可少,而且问题库要以开放式问题为主。提出开放式问题就像调整相机的镜头,调大光圈以增大视场。这个更大的视场设定了开放的基调,表明你愿意接受新的信息,进入学习模式,准备好进行对话而不是独白。

以下是适合用来开启对话的3个开放式问题。

1. 请向我介绍一下……

2. 你有没有考虑过……

3. 什么使你感到吃惊?

这几个问题虽然看似简单,但作用不小,我们称之为乘数问题,因为它们旨在增加对话。开放式问题也可以作为调节剂,缓解寻求正确答案过程中的紧张感。

"请向我介绍一下……"这一问题让你表现出一种愿意向他人学习和谦卑的姿态,传达出我不知道但渴望了解的信号。

第 2 章　提出有力的问题，成为房间里最聪明的人

"你有没有考虑过……"这一问题把话语权交给对方，让他们讨论自己的假设和担忧，分享他们可能做出的权衡取舍。这句话的一种说法是"你可能需要考虑……"，这种问法有益于对方提供反馈。同样，由对方来决定是否采取行动或做进一步探索。你是在把权力交到他们手上。

"什么使你感到吃惊？"是一个开放式问题，旨在减少偏差。"吃惊"这个词可以消除偏差。我们都有偏差——先入为主的想法。这些偏差有些是有意识的，有些是无意识的，后者通常被称为"内隐偏差"（implicit bias），美国俄亥俄州立大学柯万研究所（Kirwan Institute）将其定义为"以无意识方式影响认知、决定和行动的态度或刻板印象"。

内隐偏差会潜移默化地影响我们对数据的理解。大脑会将新信息与过去的理解联系起来，以便快速学习。当我们解读新信息时，这些思考过程自然会引入偏差。人们期望分析师以理性和合乎逻辑的方式解读数据，但分析师可能并不太愿意分享他们无法解释的数据。他们可能会将这些无法解释的数据标记为异常值，无视它或将其降级为附录。作为领导者，你可能会因为不知道这些异常值而错过有用的数据或潜在的制胜方法。当你问"什么使你感到吃惊？"时，你是在允许分析师分享他们不希望看到的东西，那些可能超出他们理解范围的东西。"什么使你感到吃惊？"这个问题营造出了真诚的、开放的氛围，有助于促进开诚布公的讨论。

根据我们的经验，向分析师提出"什么使你感到吃惊"的问题通常会带来两个额外的好处。

第一，在回答这个问题时，分析师不必描述他们的辛勤工作，按时间顺序回顾他们在过去几周内开展的各种分析，而是直接切入主题，谈论有意思的发现。第二，令他们吃惊的可能是不容易解释的模式。了解这些模式可以帮助你快速发现分析中存在的问题。让那些不了解背景信息的分析师感到吃惊的东西，对那些了解背景信息的领导者来说可能很容易理解。

第2步：回应而非反应，沉默是金

你可能听说过"积极倾听"这个说法。它是指密切关注言语和非言语行为，并提供反馈以增进相互理解。但你有没有听过"被动倾听"？"被动倾听"是指仔细倾听对方说的话，但不做出任何反应，为沉默留出空间。通过结合这两种倾听模式，我们实现了"有效倾听"。

"有效倾听"聚焦沟通过程中的两个要素：沉默与回应（而非反应）。为了营造一个基于信任的学习环境，你需要倾听。倾听从沉默开始，因为沉默创造了一个空白，虽然可能会让人有些尴尬，却是一种加强学习的有效方法。在沉默期间，对方会填补这个空白，透露出更多信息，因此你会学到更多。沉默表明你全身心投入，专心倾听，认真思考对方说的话，并准备以有意义的方式做出回应。

回应和反应的区别在于思考的深入程度。反应往往是本能的、自发的，由情感驱动而不考虑结果，没有经过筛选、深思熟虑或分析，也没有花时间考虑可能造成的影响。即使反应不强烈或不消极，也会破坏沟通。例如，倾听者可能会觉得有必要分享一个相关的故事。意图是积极的，以示对说话者的理解，但意外的后果是将说话者的注意力转移到倾听者身上。倾听者转移了话题，控制了讨论。

回应则相反。回应是经过深思熟虑的、合乎逻辑的、有见地的，在说话之前用头脑和心去考虑结果，它需要花时间用沉默来处理新信息。回应也是积极主动的，用直觉和经验来思考对自己、对他人、对预期的结果来说什么是最好的。然后，你可以以有效的方式参与对话，促成你想要达到的结果。在许多情况下，无论是工作还是生活，回应而不是反应会带来更好的结果。不管是在有人提出想法或信息的时候，还是在有人提出问题的时候，你都应该做出回应。

第3步：提出一系列问题

提问是一个非常有力的回应技巧。提问可以界定问题、消除歧义、揭示差距、降低风险、促进参与、促成对话、发现机会，并且有助于对逻辑进行压力测试。提出的问题应该是有根据的，经过深思熟虑的，能促进学习的。

变换不同的问题可以保持对话的参与感并培养双方的创造性思维。提问的目的不是获得正确的答案，而是通过提问的过程来积累和扩展知识。

再以相机镜头做比喻，开放式提问如同广角镜头，使你能够捕获更广阔的画面，拍摄到关键的背景元素，以不受限制的广域视角而不是更为狭窄的分析视角探索场景。

当然，这种宽广的视角也会造成扭曲。开放式问题提供了更多的空间，但最终我们需要更清晰的画面来做出更明智的决策。引用著名摄影记者罗伯特·卡帕（Robert Capa）的话来说："如果你的照片不够好，那是因为你离得不够近。"提问能缩小焦距，拉近与真实的距离。通过提出一系列不同类型的问题，你可以聚焦数据图像。

聚焦能力始于善用4种类型的问题——事实性问题、收敛性问题、发散性问题和评价性问题。这4种问题是一个问题库，使你可以提出一系列环环相扣的问题。

提问的要诀是精确。你提出的问题仍然是开放式的，但要专注于所期望结果的特定方面。先从一个宽泛的问题开始，比如，我们如何提高销量？然后更为精确的问题，比如，年轻人更喜欢哪些促销活动？性别是否带来效果差异？从广告地域的角度来看，销售数据是否有惊喜？如果你是竞争对手，你的结论会如何改变策略？当你思考共享的新信息时，是否清楚它与原来的问题或者你想要达成的结果有什么关系？

房间里最聪明的往往不是知道答案的那个人

房间里最聪明的往往不是知道答案的那个人,而是提出最佳问题的那个人。这颇有讽刺意味。如果你想获得更大胆的建议,那就提出更好的问题。答案来自发现之旅。提出一系列问题,培养围绕核心转变、深入挖掘,然后返回的技能。提问就好比是拉毛衣的毛线,你会发现一些松散的线头,某个线头如果被拉出,整个毛衣就会被拆散。提问能让你快速发现哪些是多余的线头,哪些是必要的,哪些是重要的。

提问是一项值得花时间去练习和掌握的技能。你首先要知道问题的分类,了解不同类型的问题并发挥它们的力量,才能做出更好的决策,进而建立新的关联来影响最终的战略。

成为一名优秀提问者也是为了建立一个合作的过程,通过一系列问题激发新的学习。提问可以帮助你的团队对数据进行推断和关联,了解数据中隐藏的观点或分析。这种探索心态鼓励尝试和迭代。意想不到的解决方案往往源于讨论,而不是数据。作为领导者,你应该努力营造一个有利的学习环境,建立"提问—假设—学习"循环。

建立一支提问者团队是制胜之道,有助于实现许多公司追求的强劲增长目标。将提问这种关键能力嵌入企业文化中,将使团队成员能够快速地在数据决策过程中找到新的答案,从而激发更有活力的讨论。你的分析师将成为更优秀的批判性思考者,增强整个团队的创造力、协作和沟通能力。当这种互动受到鼓励时,你的团队就拥有了充满活力、健康、高效的文化氛围。

这一切只是个开始。现在是时候问问你自己,作为一名领导者,你重视批判性思维吗?批判性思维是你领导行为的一部分吗?你是否为团队成员提供了提问和批判性思维方面的培训?

工作都是无聊的,游戏都是有趣的。既然如此,我们想分享一下如何在

第 2 章　提出有力的问题，成为房间里最聪明的人

非工作环境中通过提问来了解不同阶层的人。最著名的问卷之一是普鲁斯特问卷。该问卷经过精心编排，有趣而简洁，因为法国小说家马塞尔·普鲁斯特（Marcel Proust）①而广为人知。普鲁斯特认为，回答这些问题在一定程度上可以揭示一个人的真实本性。

决策面面观

DECISIONS OVER DECIMALS

普鲁斯特问卷

1. 你认为完美的幸福是怎样的？
2. 你最害怕什么？
3. 你最讨厌自己哪一点？
4. 你最讨厌别人哪一点？
5. 在世的人中，你最钦佩谁？
6. 你最奢侈的一次消费是买了什么？
7. 你目前的心境怎么样？
8. 你认为哪种美德被过度赞誉了？
9. 在什么情况下你会撒谎？
10. 对于自己的外表，你最不满意哪一点？
11. 在世的人中，你最鄙视谁？
12. 你最喜欢男性身上的什么品质？
13. 你最喜欢女性身上的什么品质？
14. 你最常使用的词语或短语是什么？
15. 你这一生中最爱的是谁 / 什么？
16. 何时何地让你感觉最快乐？

---

①普鲁斯特是意识流文学先驱，他在作品中是如何揭示记忆的脆弱的？神经科学家乔纳·莱勒（Jonah Lehrer）在《普鲁斯特找到了记忆的秘密》中展示了艺术是如何早于神经科学发现人类思维和创造力真谛的。该书已由湛庐引进、浙江科技出版社出版。——编者注

17. 你最想拥有哪种才能？
18. 如果你能够改变关于自己的一件事，那会是什么？
19. 你认为自己最大的成就是什么？
20. 如果有来生，你希望成为什么人（或物）？
21. 你最想住在哪里？
22. 你最珍视的物件是什么？
23. 你认为程度最浅的痛苦是什么？
24. 你最喜欢的职业是什么？
25. 你最显著的特点是什么？
26. 你最看重朋友的什么特点？
27. 你最喜欢的作家是谁？
28. 你最喜欢小说中的哪个人物？
29. 你最能和哪位历史人物产生共鸣？
30. 谁是你现实生活中的英雄？

第 2 章 提出有力的问题，成为房间里最聪明的人

本章要点

- 房间里最聪明的人往往不是知道答案的那个人，而是提出最佳问题的那个人。

- 建立一支充满好奇心的团队，鼓励他们提出一系列的开放式问题。

- 对提问做出回应而非反应，沉默是金。

- 通过以下问题来推进对话："请向我介绍一下……""你有没有考虑过……""什么使你感到吃惊？"

- 熟悉 4 种类型的问题：事实性问题、收敛性问题、发散性问题和评价性问题。定期练习这 4 种问题的提问。

DECISIONS

第 3 章　　运用 IWIK 方法，
　　　　　　界定问题

OVER

DECIMALS

如果有1小时来解决问题，我会用55分钟思考问题，用5分钟思考解决问题的方法。

——爱因斯坦

在上一章，我们强调了提问的好处。在本章，我们将在这个概念的基础上，引入一个看似简单却极其重要的问题：我希望自己知道些什么才能做出最好的决策？这个问题会生成一系列语句，我们称之为IWIK（I wish I knew），意思是"我希望自己知道……"。通过回答IWIK问题，你可以快速聚焦基本问题，确定行动的优先顺序，做出高效且有效的决策。

人们往往无法解释为什么迟迟做不出决策。让我们来看一则盲人摸象的古老寓言。一群盲人第一次遇到一只大象，他们走上前去，每个人伸出双手，触摸大象庞大身躯的不同部位。摸到大象尾巴的人断言，大象肯定是一种又细又长的动物，和蛇没什么不同；但摸到大象侧面的人却强烈反对，他认为大象是一种巨大而扁平的动物，如同有生命的高大城墙；其他人则有完全不同的看法，摸到大象耳朵的人觉得大象是扁平柔软的，就像鳗鱼一样。这些盲人

第 3 章 运用 IWIK 方法，界定问题

怎么可能会不这么想呢？他们的论点基于各自用手亲自感受的真实证据。

这则寓言表明，人们倾向于在不了解事物全貌的情况下声称自己知道事物的绝对真相。他们严重地依赖自己的主观经验来得出普遍性的结论，而忽略了他人的主观经验，哪怕他们自己的经验与他人的经验结合起来可以更全面、更客观、更准确地了解事物。

这个故事每天都在我们的团队工作中重复上演。把故事中的大象换成数据，就能让我们发现数据驱动决策中的许多问题。

假设你在 ACME SNOW 公司市场部工作，该公司是一家除雪产品的制造商。你收到一封电子邮件，内容是祝贺 ACME SNOW 除雪产品在欧洲的销量增长了 8%。你知道公司近期在无刮雪刷和刮雪铲方面的创新，因此你得出结论，认为销量增长正是归功于这些创新。但你没有意识到的是，今年罗马下了暴雪。

出于需要，罗马民防署（Civil Protection Agency）购买了 4 000 把铁锹，以便市民在夜间结冰前清理街上的雪。如果只看到销量增长 8% 的数据，你可能会认为欧洲业务正迎来疯狂的增长。但如果你花点时间向同事打探消息就会知道，来自加拿大的领先竞争对手 Gaspé 的除雪产品在意大利的销量增长了 12%。因此，你会得出大为不同的结论。事实上，ACME SNOW 的创纪录增长率比竞争对手低了 4 个百分点。

这个故事反映了每天都在公司里发生的事情：人们在分析数据时不会花时间去了解数据后面的商业背景。没有背景的数据是危险的，它会导致错误的结论和糟糕的决策。想要将数据置于相应的商业背景中，你必须始终从数据本身、时间和空间的角度，对数据进行多方衡量。我们之所以强调数据的商业背景、全局、局部信息以及将增长数据放在背景中考量的重要性，是因为这是做出明智决策的第一步，即问自己一个直截了当但非常有力的问题：我希望自己知道些什么才能做出尽可能好的决策？在盲人摸象的例子中，对这个问题的一些回答可能包括：我希望自己知道有多少人对大象有印象；我希望

自己知道其他人对大象的印象与我对大象的印象有多大不同或者有多么相似。

IWIK 方法，找到需要解决的核心问题

IWIK 方法有一个特定的目标：识别需要解决的核心问题。IWIK 方法加快了团队的思考速度，让他们明白需要知道些什么才能做出明智决策。通过专注于重要的事情，IWIK 方法让决策过程变快。

快速决策基于你如何想，而不是你多努力。无论是通过重复还是观察，我们都养成了一些会削弱问题解决能力的坏习惯。我们想要立刻解决问题，接受工作的表面要求，并且常常把行动和影响混为一谈。

在我们急于寻求问题解决方案的过程中，却忽略了对问题的界定。我们需要认识到，决策的质量与在界定问题上投入的精力成正比。界定问题可以缩小待解决问题的范围。

IWIK 方法是一种工具，或者说是一种思维技巧，旨在帮助你界定问题。它明确优先事项、发现所需的基本信息、快速识别知识差距、定义假设以及揭示可能影响和减缓决策的偏差。

IWIK 方法是如何工作的？假设你在一家大公司工作，任务是发展公司的流媒体服务。与其直接分析用户数据，不如先回答以下问题。

- 增加优质内容能否帮助我们增加收入？

- 我们是在寻求收入增长还是用户增长？

- 我们是否想要吸引特定的目标客户，例如青少年？

- 我们存在用户流失的问题吗？

- 我们的市场营销、产品供应或媒体预算是否优于竞争对手？

- 我们感兴趣的是让人们了解服务还是完成销售任务？

- 我们是否面临意识问题或价值主张带来的挑战？

企业发展当然是首要目的，但对此存在不同的实现方式，而如何做将引导你走上特别的路径——从创建商业案例到根据预算要求制订计划，直至最终成功。

有趣的是，如果你和不同的同事交谈，会发现他们对企业发展的定义各不相同，其根本原因是：缺乏一致性。提前做好规划，你可以节省自己的时间和精力，并为业务的成功奠定基础。

如果不停下来去真正理解问题背后的问题，你很可能会发现自己在原地打转。借助 IWIK 方法，你可以快速发现和理解利益相关者或客户想要解决的基本问题。

IWIK 方法是一种揭示问题根源的技巧。问题根源也被称为第一原因或第一原理，亚里士多德将其定义为"认识事物的第一基础"。IWIK 方法使用第一原理推理方法来解构问题的核心。一旦理解了决策的组成部分，你就可以很快地开始解决问题。IWIK 方法可以确保你的数据发现、分析和努力直击要害。

使用第一原理是一种特别聪明的决策方法，因为团队总是希望更快地行动，减少返工并能应对复杂性。

IWIK 方法的 4 个步骤

IWIK 方法是一种简单但强大的技巧，可以作为催化剂，使问题变得清晰明了。我们先问"你希望自己知道些什么？"，由此产生一系列陈述，所有陈述都以"我希望自己知道……"开头。同事或客户提供的 IWIK 回答揭示了他们对实际需求的深刻理解。IWIK 方法超出陈述的范畴，可以收集他们对基本需求的发自内心的理解。通过这种意想不到的新方法，你可以了解同事或客户真正需要的是什么，从而做出明智的决策。

IWIK 方法分为以下 4 个部分。

1. 提问。

2. 头脑风暴。

3. 捕获。

4. 组织。

让我们按顺序逐一讨论。

提问：让合适的人思考合适的问题

当你被要求处理一个需要进行分析、得出结论和提出建议的问题时，IWIK 过程就开始了。

在考虑潜在的解决方案之前，先问问自己、同事或客户，谁是关键的利益相关者？谁会关心决策的成败？列出那些执行决策的人，并使用这些信息创建一个利益相关者结构图，就像组织结构图一样。然后再列一份精简名单，将那些在执行过程中发挥最重要作用、受结果影响最大的人包括在内。你选出的这些人应该尽可能多样化，涵盖不同的职级和不同的年龄，他们最好还具有不同的背景。确定人选之后，根据你的企业文化，你可以考虑给他们每个人发一封电子邮件，要求他们花 20 分钟时间来确定以下 3 件事。

1. 他们希望得到解答的基本问题，以便他们可以放心地推进项目。

2. 列出对他们很重要的成功或结果指标。

3. 他们想要知道并且关系到手头问题的任何未知事物。

这个调查完全与他们相关——他们的问题、他们的疑问、他们的工作和他们的成功。这封邮件是为了启动他们的思考过程，也就是让他们的脑子动起来。你不是让他们疲于应付各种便利贴、白板和分组讨论，你只是要求他们开始思考。因此，当你举行线下或线上会议时，每个参与者都做好了进行创造性思维的准备。

决策面面观

DECISIONS OVER DECIMALS

共享 e 伞

2017 年，中国企业家赵书平热切地创办了自己的雨伞共享公司"共享 e 伞"，以方便那些不愿随身携带雨伞的城市通勤者。

赵书平认为他的这一想法很巧妙、很有创意。当时，共享经济正处于爆发的边缘。2017 年 3 月，布鲁金斯学会（Brookings Institute）的数据[1]显示，共享经济预计将从 2014 年的 140 亿美元增长到 2025 年的 3 350 亿美元。2016 年，纽约 Citi Bike[①]的使用量超过 1 400 万次，高于上一年的 1 000 万次。[2] 赵书平自信地认为，既然 Zipcar[②]和 Citi Bike 已经成功了，他的公司也能大获成功。

共享 e 伞的商业模式很简单，赵书平在中国的 11 座城市投放了 30 万把彩虹伞。但接下来发生的事情让他完全不知所措。几周后，投放的雨伞开始消失，大概是使用者把雨伞带回了家，忘记归还到

---

① Citi Bike，美国纽约共享自行车平台。——编者注
② Zipcar，美国分时租赁汽车互联网共享平台。——编者注

公共取伞/还伞处。Vox 网站后来报道说，每把伞的替换成本约为 9 美元，如果 30 万把伞最终全部消失，相当于损失了 270 万美元，这个数字大大超过了赵书平最初用于创办共享 e 伞的 140 万美元种子轮融资。[3]

如此糟糕的开局可能会让任何一位企业家都不得不做把头埋进沙子里的鸵鸟，等待新闻媒体转移注意力。赵书平却再次下注，声称他要再次投放数百万把雨伞，重新来过。但此后很少再听到关于他的消息。

在某种程度上，赵书平和失踪雨伞的故事是可以理解的。有利的数据和证据似乎数不胜数，至少一开始是这样。就雨伞而言，人们乐于分享，这是毋庸置疑的。有共享自行车、共享汽车，甚至有共享公寓，那么雨伞为什么不可以共享呢？

但赵书平是否利用过自己的直觉，如果他考虑过人们容易弄丢雨伞的习惯，如果他通过 IWIK 方法来确定客户的需求，弄清楚人们不小心把共享雨伞带回家或者放错地方的可能性有多大，他还会如此热切地创办共享 e 伞吗？这很难说。

头脑风暴：优化信息的发现

在快速发展的世界里，你需要收集信息并思考一系列解决方案，这通常是通过头脑风暴完成的。brainstorm（头脑风暴）一词由广告公司高管亚历克斯·奥斯本（Alex Osborn）于 1953 年提出，他在其著作《应用想象力》（*Applied Imagination*）中解释了这个词。奥斯本把创造性想象力称为"获取知识的基本工具"。他解释道："如果以富有想象力的方式综合并动态扩展知识，知识就会变得更有用。"[4] 他说得很对，但很少有领导者会花时间去创建一种企业文化来利用员工的想象力，将之作为获取知识的基本工具。而如今，典型的头脑风暴过程与奥斯本提倡的知识的理念大相径庭。

现在，对于时间紧迫的团队来说，头脑风暴通常是一个大问题。事实上，当我们听到"头脑风暴"这个词的时候，通常会联想到彩色便利贴、漫长的会议、活动挂图、白板、莫名其妙的想法，以及大嗓门的参会者。这些会议通常不好组织，难以领导，效率低下，效果欠佳。会议的结果往往是一系列没人知道如何加以有效评估的想法。线上会议则更加复杂，问题更加严重。

IWIK会议旨在消除这些问题。IWIK会议能以小组讨论的形式进行，但根据经验，我们认为最有成效的IWIK会议形式往往是一对一或者不超过3人。为了发挥IWIK方法的更大价值，你应该与各利益相关者进行连续几轮的会议（见图3-1）。从本质上讲，IWIK会议的目的是揭示知识差距，领导者认识到有些人比其他人更乐于谈论自己不知道的东西，更愿意承认自己能力有限，这是至关重要的。相比人数众多的会议，人数很少的小组讨论有一个优势，那就是可以促成由于紧张或拘谨而不愿进行的对话。

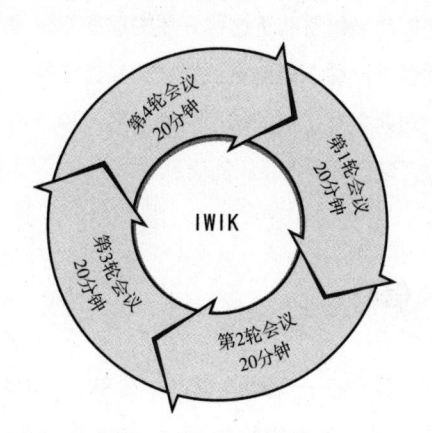

图3-1　IWIK会议循环

小组讨论的方式容易使人更亲近，适合于不同的性格类型和沟通方式，尤其是内向的人，在人数众多的会议中可能不太愿意发言。另外，从完全务实的角度来说，人数较少的小组会议更容易组织，持续时间可能更短，需要协调的日程安排更少；而且由于人数少，花在每个人身上的时间反而更多，因而可以进行更加深入的沟通。

小数决策 DECISIONS OVER DECIMALS

决策面面观
DECISIONS OVER DECIMALS

下水实验

在哥伦比亚大学商学院,弗兰克曾经参加了一个有趣的实验,该实验揭示了一群长期合作的团队成员的动态。实验的引导者首先引入一个场景:这是一个炎热的夏日,你正在参观一个之前从未去过的湖泊,你喜欢游泳,加上天气闷热,所以你决定下水凉快一下。然后,引导者提出问题:你会怎么做?是用脚趾试水,慢慢地走入水中,还是一头扎入水中?参与者被要求写下各自的回答。用脚趾试水和一头扎入水中的比例是 8∶10。这一场景揭示了团队成员处理未知情况的不同方式与对模糊性的接受程度。他们接着探讨了这些感受是否适用于团队的工作方式。这个实验是在整个团队中进行的,大家原以为彼此相互了解,但结果出人意料——团队的日常工作环境和整体动态都不利于这种开放的探索。有趣的是,由于这个实验让大家通过一种不同且安全的方式来讨论各人对风险的偏好,因此许多人对同事有了新的认识。使用另一种方法,以一种新的方式界定问题,这样可以揭示新的信息。

捕获:收集 IWIK 信息

主持 IWIK 会议很简单——起码看起来很简单。你的角色是抄写员。当你问同事或客户"你希望自己知道些什么"的时候,你是在激励他们进行广泛的思考,把现有的数据、时间、资源、阻力、预算或约束全都抛诸脑后。

当你第一次问这样的问题时,对方的反应可能是茫然的目光和冷酷的沉默,但不要被吓倒。这种反应可能会发生,因为你刚刚打开了通向想象力的大门,对方需要一些时间来适应。理性地说,我们都知道想象力的强大力量,只是许多人所处的商业环境已经使他们习惯于在参数和约束下进行思考。这种环境让我们抑制创造性思维,或者至少在这样做的时候非常谨慎。IWIK 方法可以改变这一点，帮助我们以不同的方式思考，挑战现状，尽可能开诚布公地谈论我们不知道但希望知道的事情。

你提出 IWIK 问题后，会出现一个有趣的变化：气氛慢慢地从尴尬的沉默转变成热烈的讨论。随着问题开始一个接一个地被提出来，你的同事或客户会逐渐从给出答案的压力中解放出来，甚至滔滔不绝。就像多米诺骨牌一样，一旦前几个 IWIK 问题开始倾泻，剩下的就紧随其后。

在这个阶段，需要记住的是，不要回答他们提出的任何问题。职场孕育的竞争环境可能会使你产生回答问题的诱惑，但必须把持住自己：在这个阶段聚焦于生成 IWIK 回答，而不是被 IWIK 回答的内容分散注意力。

同样，要避免对问题进行实时评论。不要评论问题，也不要谈论你到目前为止掌握的信息或者你的期望。对问题进行评论可能会干扰整个过程的开放性或流畅性。例如，对于某同事的 IWIK 回答，你回应道："运营部门的另外 3 个人问了跟你一样的问题。我没想到营销部门的人也会提出类似的问题。"你的这种回应可能会无意中打断同事的思路。

特别是如果你主持了几场 IWIK 会议，那么产生的 IWIK 回答无疑会开始出现重复。这不是一件坏事。事实上，你可以从这些重复中获得洞察，这将有助于理解手头的问题。就其本身而言，这是决定数据发现的关键信息。记录每次会议的每个疑问，即使是重复的疑问。在这个过程中，不要急于分享你以前听到的内容，或者你没有听到的内容，做个中立者。以后你会有很多机会学会洞察并产生对这些洞察综合性的理解。

有效实施 IWIK 方法的关键是确保这个过程不疾不徐，所有利益相关者都有机会畅所欲言，包括说出他们知道和不知道的事情，以及他们需要知道和不需要知道的事情。

IWIK 会议的输出内容是一系列陈述或问题，揭示了人们想知道的内容。主持多场 IWIK 会议可能会捕获大量信息，你可能会害怕信息过载，但不要担心。在这个阶段，过载是完全没有问题的。IWIK方法的下一个阶段也能帮助我们应对这种风险，你将花时间和精力对所有捕获的信息进行彻底的组织和整理，这样你就不会觉得自己陷入了杂乱无章的数据泥潭。当你回顾那些问题时，它们将揭示基本需求的模式、可能存在的重复劳动、相互冲突的需求以及偏差。

在你捕获IWIK回答提供的信息后，就可以将它们分门别类了。

组织：排序、汇总和综合IWIK信息

收集了所有IWIK信息后，你会发现，疑问的数量可能超过答案的数量，这意味着你现在的工作是排序、汇总和综合IWIK信息。你可能正在查看IWIK会议产生的10条、20条、50条或更多的信息，这也许会让你觉得无法应付，但实际上你已经走上了正轨。

你已经成功地把最初的情况分解成各个组成部分。对IWIK信息进行组织整理的目的是识别模式，发现重复和异常。你正在了解问题的根源，这反过来会为你提供你所需要的基本数据，指导你进行具体的分析，让你聚焦于对利益相关者而言最重要的事情，从而更快、更自信地做出决策。

如果IWIK信息较少，请考虑以下可选步骤。如果你对潜在问题有深入的了解并且对现有数据有充分的掌握，你可以快速分析IWIK信息，而无须完全按照步骤1~5进行。像任何新技能一样，使用IWIK方法的次数越多，你的熟练度就会越高，处理信息的速度也会越快。掌握IWIK方法就像学习开车，需要先学习驾驶手册，了解开车的每个步骤。随着时间的推移，你会进入"无意识有知"的阶段，能够自信地迅速评估路况并做出反应。

步骤1：创建清单。建立一个简单的表格（见表3-1），可以考虑使用电子表格，这样就能对各种信息进行快速排序和过滤。也可以用Word文档，但可能会比较难以操作。将此文件保存为某个项目名称，并以不同的名称保

第 3 章 运用 IWIK 方法，界定问题

存一个副本，因为你将对 IWIK 信息进行相当多的操作，如果不小心删除了一条信息，还有原件可供参考。如果使用的是电子表格，你只需要复制电子表格标签进行备份。将捕获的所有 IWIK 信息以及提供信息的所有人员或团队名称一起输入表中。在这个阶段，不要遗漏任何信息，全部输入，因为任何信息都可能代表一个重要的分析对象或数据。在第 1 列中按顺序输入编号 1、2、3……，便于以后快速引用。

表 3-1 IWIK 清单

1	2	3	4	5	6
编号	类别 （如 A、B、C）	IWIK 回答	个人 （或团队）	拥有数据 （是 / 否）	优先级 （M/N）
1					
2					
3					

步骤 2：对 IWIK 信息进行分类。 当你阅读 IWIK 信息时，在第 2 列中输入一个字母，例如 A、B、C。如果你遇到类似的 IWIK 信息，则分配相同的字母。在第 5 列中，如果已经有数据或者很容易找到满足该 IWIK 信息的数据，则输入"是"，否则输入"否"。在第 6 列中输入 M 或者 N，表示 must（必须）或者 nice（最好）。不要担心表格是否完美，这个文件仅供你自己使用，而且后续可以修改。

步骤 3：排序。 开始按第 2 列对 IWIK 信息进行排序，看看有多少 IWIK 信息被分配了相同的字母，这揭示了重要的知识差距，将有助于确定具体的探索领域。接下来，按第 6 列进行排序，这揭示了信息的优先级。

步骤 4：分析。 分析 IWIK 信息（你收集的原始材料）的一个有用工具是创建一个 2×2 的四象限矩阵。横轴表示当前信息，纵轴分为需要知道的信息和不需要知道的信息，以便做出最佳决策。我们称之为 IWIK 信息矩阵（见图 3-2）。将 IWIK 信息映射到每个象限，可以帮助你界定问题，指引你发现数据（见图 3-2b）。

小数决策　DECISIONS OVER DECIMALS

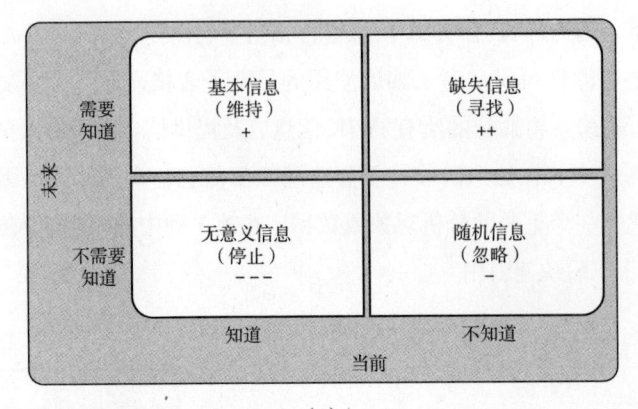

（a）

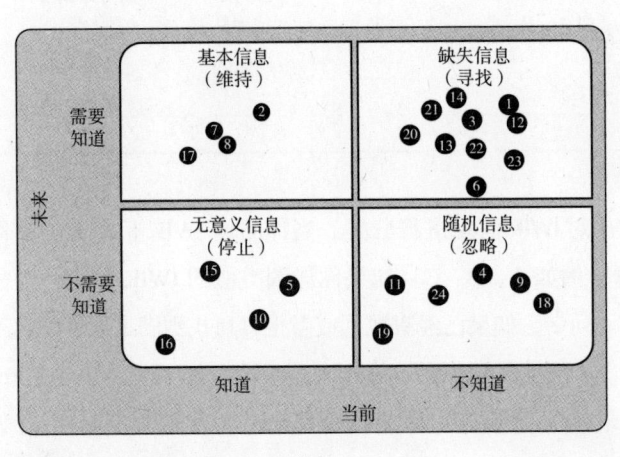

（b）

图 3-2　IWIK 信息矩阵

步骤 5：评估数据需求。IWIK 信息矩阵在描绘数据需求时，可以识别必要和不必要的数据。下半部分显示了对你正在处理的当前决策并不重要的数据，因此你可以停止收集或分析这些不必要的数据。上半部分是你需要关注的数据，因为这些是利益相关者认为必不可少的 IWIK 信息。现在，你已经把初始问题分解成几个核心元素，可以轻松地将此矩阵转换为 IWIK 数据发现计划表（见表 3-2）。通过矩阵右上角象限的问题，你可以评估回答该问题所需的时间、成本和资源。这个信息矩阵是一个实用的工具，有助于为你的团队

第 3 章 运用 IWIK 方法，界定问题

确定工作优先级，引导你发现数据，确保将力气用对地方。

表 3-2 IWIK 数据发现计划表

IWIK 问题	优先级	时间	评估难度/数据获取或问题回答成本	识别现有的新来源或创新方法	状态/后续步骤	数据分析师
谁最有助于实现增长，新客户或老客户？	高	短/长	中	主要研究	设计问卷	LM
我们的价值主张是优越、独特、可拥有的吗？	高	短/长	中	综合竞品信息以评估内部交易数据	协调数据	AF
我们如何才能以低成本、低风险、短时间的方式迅速进入市场？我们的最小可行产品是什么？	高	中/长	高	设计新产品	产品阵容分析	FM
我们的流失率、续约率和取消率是如何随时间变化的？是否因期限或群体而异？	中	中/长	低	订阅文件	内部建模	LF

运用 IWIK 方法，防止被数据洪流淹没

我们将在本书中讨论许多可用的工具或方法，IWIK 方法是其中第一个。

企业决策容易受到大量数据的诱导，而 IWIK 方法及其信息矩阵可防止企业被数据洪流淹没。它们不会帮助你回答每一个可能与解决问题有关的疑问，但它们会帮助你识别最重要和最突出的疑问，从而界定待解决的问题。

IWIK 方法的美妙之处在于它的收放自如。这是一种灵活的技巧，可以在单次对话中使用，也可以在一系列对话中使用。你不需要完成整个端到端流

程。通过重复，IWIK 方法在一对一的情况下能在 15 分钟内完成，甚至可以通过邮件异步完成。通过让利益相关者回答"我希望自己知道……"，你就可以识别一系列需要回答的基本问题。IWIK 方法易于实施，不需要事先做任何准备，能很快让你掌握新情况，并让你的同事参与到重要的对话中。

IWIK 方法也是一种令人意想不到的技巧，它迫使人们以不同的方式进行思考。当人们完成这一陈述时，它就成了解锁新对话的钥匙。IWIK 方法让你的客户或利益相关者以不同的方式思考，提供新的探索方法，你只需要罗列问题清单即可。这种新的思维可以带来新的知识以及对重要问题的深入了解，如同打开相机光圈一般开启了新的视野。

对于你的团队来说，IWIK 方法有助于做出明智的决策，激励他们采取行动，为成功奠定基础，使他们能够知道需要做些什么才能摸清"数据大象"的全貌。

如果你是团队中的一名领导者，决定采用 IWIK 方法，那么你可以从以下事实中得到安慰：尽管一开始可能觉得很烦琐，但用得越多，它就会变得越简单——使用 IWIK 信息会变成一种习惯。一些团队对我们说，他们已经接受了 IWIK 信息，现在发现 IWIK 方法是做出战略决策的必要工具。

IWIK 方法是自我延续的。当你提出建议时，用于界定问题的 IWIK 方法甚至可以作为幻灯片首页的内容结构，因为它们能将你对基本需求的分析串联起来。

第 3 章 运用 IWIK 方法，界定问题

本章要点

- 决策的质量与在界定问题上投入的精力成正比。
- IWIK方法分成 4 个部分：提问、头脑风暴、捕获、组织。
- 快速捕获一系列战略性问题有助于明确优先级，识别关于重要信息的知识差距，同时揭示潜在的偏差。
- IWIK方法可以引导你找到想要解答的基本问题、重要的成功或结果指标，以及想要知道的与待解决问题有关的任何未知事物。
- 使用信息矩阵来识别重要的问题，就很容易完成 IWIK 评估。

DECISIONS

第 4 章　　　逆向工作法，
　　　　　以退为进地思考问题

OVER

DECIMALS

> 失败更多是因为解决了错误的问题，而不是因为用错误的方法解决了正确的问题。
>
> ——罗素·艾可夫（Russel L. Ackoff）

本章主要讨论逆向工作法，这种方法聚焦于基本问题，与上一章讲的 IWIK 方法互为补充。IWIK 方法采用自下而上的广域视角发现基本问题；而逆向工作法则采用自上而下的视角，从待做出的决策入手，回溯问题的整体背景，尽可能缩小决策所需数据和分析的数量及范围。逆向工作法有助于确保决策过程是数据驱动的、有针对性的以及以行动为导向的。

还记得《爱丽丝梦游仙境》的故事吗？这个故事由刘易斯·卡罗尔（Lewis Carroll）撰写，于 1865 年首次出版，讲述了一个名叫爱丽丝的小女孩掉进兔子洞，进入了一个光怪陆离的世界的故事。书中有这样一个情节：爱丽丝站在一个岔路口，问柴郡猫应该走哪条路。柴郡猫说："这在很大程度上取决于你想去哪里。"爱丽丝回答道："我不太在乎去哪儿……"这时柴郡猫插嘴说："那你走哪条路都行。"爱丽丝接着说道："只要我能到达某个地方。"柴郡猫说：

第 4 章 逆向工作法，以退为进地思考问题

"哦，你肯定能做到的，前提是你走得够远。"

你可能想知道，我在这里讲这个故事到底有何用意。把爱丽丝想象成一位分析师、顾问或者数据科学家，她行走在茂密的数据森林中，试图找到一些有用的信息，但她自己却不确定想去哪里，也不知道"某个地方"可能是什么样子。

企业领导者常自夸他们拥有大量的数据，并相信其中定有宝藏。事实上，就像爱丽丝一样，只要在数据森林中走得够远，分析师必然能发现有用的相关信息或模式。但是，如果没有一个目标，分析最终会在多大程度上与你实际想要实现的目标真正相关？这大概需要很多运气。当然，漫无目的的探险也有可能发现意外之喜，但除非你有意引导这个过程，否则大多数的探索之旅最终都会一无所获。

正如我们在前几章所说，定量直觉框架中最重要的步骤之一是聚焦基本问题。而决策者常常不确定或不清楚他们在寻找的是什么。我们都知道基本问题的重要性，但为什么难以界定基本问题？

有几个可能的原因。仔细思考基本问题和潜在解决方案不是一件容易的事。这需要我们理解问题的整体背景，具有敏锐的眼光，并考虑可能存在的各种情况。以医生为例，想想病人向医生诉说胸痛的过程。胸痛可能令人担忧，但它实际上并不是病因，而是一种症状。胸痛的病因有时很简单，不难医治，但这种症状也可能涉及许多复杂的病因。医生依靠多年的经验和丰富的知识来评估和诊断病人的问题。他们可能会进行一些简单的检查，询问问题，或者安排病人做心电图。确定真正病因的过程可能很困难，需要敏锐的眼光、丰富的经验和较长的时间。

除了难以发现问题以外，定义问题的过程还涉及风险。踏上一段没有明确目的地的旅程是令人心旷神怡的，因为这意味着你几乎不会因为未达到目的地而感到失望。然而，定义问题会迫使你预测和定义失败。回到医生的例

子。医生知道，他们的诊断存在误诊的风险。在经验和他们拥有的数据之间进行权衡后，为了降低误诊的风险，他们可能会决定进行更多的检查，询问更多的问题，或者将患者转给其他医生。这可能导致不必要的检查、费用和延迟。在商业环境中，决策者可能出于类似的原因对问题含糊其辞，或者仅仅因为他们错误地相信数据本身就可以定义问题。

在与我们合作过的许多企业领导者身上，我们发现了一个严重的错误观念：数据既能定义问题又能找到答案。定义问题是决策者的责任。如果数据可以为答案提供足够的依据，并且你的团队恰好掌握了挖掘数据以寻找答案的技能，那么你可能会为事先定义好的问题找到解决方案。这就引出了另一个问题：我们该如何定义问题。

定义问题，自上而下的视角

逆向工作法表明，有效的决策实际上是从后往前推的。这意味着，待做出的一个或多个决策应该指引我们评估问题，了解所需信息，质疑数据，综合数据，并决定接下来该做什么。我们从待定的决策入手，然后逆向回推，找到与这个决策相关的所有问题。需要强调的是，定量直觉方法是从待定的决策（例如通过/不通过）入手，而不是从决策的某个分支（例如应该发布这款产品）入手，因为这个分支可能最终被放弃，从而不值得我们为它踏上数据驱动之旅。

逆向工作法的概念源于 1985 年发表于《哈佛商业评论》的文章《逆向市场研究》(*Backward Market Research*)，这篇文章是艾伦·安德烈亚森教授（Alan R. Andreasen）[1] 以市场研究为背景撰写的。逆向市场研究方法是从待定的决策入手逆向回推，以便收集和分析市场研究数据。自此文章发表以来，数据越来越多，同时对快速决策的需求也在增加。在本章中，我

第 4 章 逆向工作法，以退为进地思考问题

们使用定量直觉框架，将逆向工作法推广到市场研究领域之外的数据驱动决策，讨论如何将其用于小型和大型决策，以及如何将其与 IWIK 方法相结合。

决策面面观

DECISIONS OVER DECIMALS

逆向市场研究

1985 年，艾伦·安德烈亚森在《哈佛商业评论》上发表文章，阐释了逆向市场研究方法。

安德烈亚森设计了一个计划，分成 8 个步骤，他称之为"逆向市场研究"策略。

第 1 步是确定如何实施研究的最终结果。这一步本身就可以帮助企业决策者和高管从一开始就定义问题。

第 2 步是确定最终报告应该包含什么内容，并备好分析蓝图。这是研究人员和决策者开始密切合作的阶段。

第 3 步和第 4 步是确定必要的分析以及进行这些分析所需要的数据类型。同样，这两个步骤要求研究人员和决策者思考他们应该获得什么信息，以及如何充分利用这些信息。

第 5 步到第 8 步遵循传统的时间顺序，采用正向市场研究方法，包括审视可用数据，确定可用数据能否填补所有数据差距，收集新数据，完成分析和撰写报告。

我们提出了逆向工作法的如下 3 个步骤：创建决策树，借助 IWIK 方法撰写计划报告，逆向数据分析。

步骤 1：创建决策树

我们的定量直觉框架聚焦于决策。因此，数据驱动决策不仅以决策结束，

还以界定决策范围开始。当然，在开始这段旅程的时候，你并不知道最终的决策是什么，也不想以特定的方式影响决策过程或使决策向某方面倾斜。你应该尽早知道的是，在这段旅程结束时根据不同结果采取的各种可能行动。在这一步中，你需要确定根据分析结果而可能采取的各种决策或行动。必须全面界定决策可能产生分支的范围，通常包括与关键利益相关者讨论在某个时间点上可以采取哪些可能的行动，例如：是继续坚持推进还是放弃整个创业项目；是否将公司业务扩展至新的地区；公司应该瞄准哪一个细分市场；公司应该为新产品选择什么价位。

每个可能的行动至少需要两个分支，即两个可能决策。如果在这个过程中，你意识到实际上只有一个分支，那你实际上已经做出了启动或扩展业务的决策，就没有理由再投入时间和金钱分析数据。

如果你非常熟悉目标市场或所在行业，那么决策的分支可能是显而易见的。但在其他情况下，确定不同的分支是什么可能需要下一番功夫。你可能必须与公司或该领域中的关键利益相关者或消费者进行沟通。

以细分市场研究为例。根据我们的经验，进行细分市场研究的目的通常是更好地了解客户或更好地了解业务，这往往不值得在数据收集和分析上花费过多的时间和金钱。我们的建议是，当踏上诸如细分市场研究这样的数据驱动之旅时，你要表现得像个孩童：不断地问问题，厚着脸皮用一系列的"为什么"审视数据。如果你读了第 2 章的内容，那么应该对这个建议很熟悉。这种孩童般的直觉有很强的实践基础。

日本丰田汽车公司前社长丰田章男认为，通过问一系列"为什么"，问题的本质和解决方案就会变得清晰。例如，将"为什么"方法用于细分市场研究时，可以进行如下问答。

问：你为什么想进行细分市场研究？

答：因为我想更好地了解客户。

问：想了解客户是件好事，但你为什么想在此时更好地了解客户？

答：我们公司的销量一直停滞不前，所以我担心我们没有像以前那样为顾客做好服务工作。

问：你为什么会这样想？

答：一个新的竞争对手进入了我们的领域，我觉得这个竞争对手比我们更能满足年轻消费者的需求。

现在，我们正在根据行动来定义该项目将如何向前发展，而不是对细分市场研究泛泛而谈，并且不知道究竟需要回答什么问题。

通过这一系列"为什么"问题而获得的信息，我们可以重新定义细分市场研究，聚焦于能为具体决策提供指引的问题。例如，面对新的竞争对手，我们是否应该转向其他细分市场，远离年轻消费者？或者，我们是否应该找出自身相对于竞争对手的优势，重新赢回年轻消费者？与最初泛泛而谈的细分市场研究相比，这种视角将促成非同寻常的分析和更加以行动为导向的项目运作。

根据我们的经验，在问完"为什么"问题并界定了决策分支的范围后，问题很可能已经解决了一半。

步骤 2：借助 IWIK 方法撰写计划报告

乍看之下，这一步可能会引起争议。这一步涉及决策者与分析师一起撰写计划报告。有些项目可能没有报告，而是有一个分析计划和推荐系统，或者只是小型决策的简单备忘录。无论哪种方式，都是从决策回溯到做出决策所需的分析和信息。

逆向工作法初看很难，在还没有收集到数据之前，我们如何为数据分析之旅撰写计划报告呢？这样的计划报告可能包括什么？空白的表格吗？在大多数情况下是这样的，计划报告将包括"计划中的"、"预分组的"或"备份的"表格，以便我们为想要完成的分析制订一个计划。

假设你在苹果公司工作，想出了一个绝妙的点子——推出一款专门为青少年设计的iPhone。要想知道这一想法是否可行，需要一个表格来统计不同年龄段的青少年对这种iPhone的偏好。预分组表可能类似于表4-1。

表4-1 对拟推出产品是否感兴趣（按年龄划分）

年龄（岁）	青少年对这款iPhone是否感兴趣（是/否）	
	是	否
12～13		
14～15		
16～17		
18～19		

该表格的列和行都有标签，但没有填充内容，因为目前还没有数据，待收集和分析数据后再填充。但是现在，在你的计划报告中，你只需简单地描述此表格以及需要何种可靠信息对其进行填充，以便最终能够做出决策。此练习的目的是确保收集的数据和进行的分析可以帮助你在此过程结束时做出正确的决策。

只需要考虑如何使用这个表格来做决策，就可以完善你的思路。例如，如果结果表明年纪较小而不是年纪较大的青少年会对这种手机感兴趣，你会据此仔细考虑你要做出的决策。这种思路可能会促使我们创建另一个表格来探索到底是谁为年纪较小的青少年购买该产品，是谁做出购买决定，是谁出钱，以及还有没有其他因素在起作用。

在收集数据之前创建计划报告还有其他好处，包括有助于确保你传达数据的粒度以及关注必要的细节。在这个iPhone例子中，它可以让分析师知道

第 4 章 逆向工作法，以退为进地思考问题

我们对青少年的年龄定义是 12～19 岁，以此确保信息传达到位。

就像 IWIK 方法一样，预分组表如同全球定位系统，为你的数据之旅导航。如果没有预分组表或 IWIK 方法，那么收集的数据就有可能是各种容易获得的杂乱信息（无论相关与否），而不是能够真正帮助你做出决策的有用信息。事实上，尽管 IWIK 方法（自下而上思考）和逆向工作法（自上而下思考）有所不同，但这两种方法相辅相成，都有助于聚焦基本问题。在生成预分组表的步骤中，将使用 IWIK 方法。IWIK 方法和相应的 IWIK 信息矩阵（见图 3-2）将帮助你生成一套预分组表和图，可以回答信息矩阵右上角象限中的 IWIK 问题。

预分组表还可以帮助你聚焦于完成分析所需的信息。在分析结束时，表格中的信息可能并不完美，但它如同一份清单，明确你现在所处的位置和你需要到达的位置。花点时间仔细思考计划报告，这将使最终的报告更清晰、更简洁，从而使你的工作更高效。

决策者往往有一种倾向，他们宁愿"精确地错"，也不愿"模糊地对"。当然，没有人愿意犯错，但在确定性和相关性之间权衡取舍时，我们往往倾向于在相关性方面犯错。在追求确定性的过程中，我们通常更喜欢拥有精确和有效的数据，即使这些数据与待决策的相关性还比不上表格中的我们真正需要的粗略估算数据。提前创建计划报告可以帮助你集中精力获取对实际决策来说最准确、最相关、最必要的分析数据。

步骤 3：逆向数据分析

在从决策逆推到数据分析的过程中，第 3 步是问自己需要哪些数据来填充预分组表。如果我们要起草一份问卷来完成为青少年设计 iPhone 例子中的预分组表，问卷中的问题显而易见：你对这款拟推出的 iPhone 感兴趣吗？你的年龄多大？

从这里开始，再次遵循传统的数据驱动决策模式：评估可用数据，收集必要信息，分析数据，交付分析结果。如果在前几个步骤中下足了功夫，那么接下来的步骤应该很容易完成。通用汽车公司前研发主管查尔斯·凯特林（Charles Kettering）说过一句被广泛引用的话："把问题说清楚就解决了问题的一半。"根据使用逆向工作法做决策的经验，我们发现在逆向工作法的前3个步骤完成后，问题确实离得到解决就不远了。

逆向法，利用框架内思维

我们的经验还表明，逆向工作法可以有助于避免研究人员和决策者把时间、精力和金钱浪费在不能直接改善决策过程的事情上，帮助管理者确定可实现的结果，并拟订适当的应急计划。

事实上，从创建决策树这一步，就有可能使我们清楚地意识到应该大幅调整甚至完全取消某个项目。

虽然逆向工作法最适合大型决策，但也可以用于小型决策。例如你可能每天、每周、每月都会收到的绩效跟踪报告，这些报告充满了数据和分析。下次当你收到这样的报告时，审视每一个数据并问自己：如果这个数据是今天的两倍或一半，我会对此采取措施吗？如果答案是不采取措施，那么这个数据很可能对你没用，你应该要求在交付给你的报告中不要出现这个数据，因为这个数据是不相关的，并且会分散你对有意义和重要数据的注意力。当然，这并不意味着该数据对公司里的其他人不重要，但它只应该呈现给那些可能根据该数据改变决策的决策者。以汽车仪表盘为例，假设它在水温过高或油位过低（需要采取措施的一个点）时不仅仅闪烁警示灯，而且还会展示所有相关的数据。这一系列的数据一定会让人不知所措，因为其中包含过多与采取措施无关的数据。我们的业务"仪表盘"是相同的道理，从决策者需要做出的

第 4 章　逆向工作法，以退为进地思考问题

决策向后逆推，只需要清晰地呈现适当粒度的相关和有用信息即可帮助我们做出决策。

决策面面观

DECISIONS OVER DECIMALS

被放弃的决策

最近，一位创业者请求我对他的创业想法进行可行性分析。

我最初的反应是非常欣慰，因为这位创业者愿意评估其想法的可行性。我过去遇到的许多创业者完全跳过了这一步。但在帮助这位创业者之前，我有一个重要的问题要问他："如果几个月后，在花了几千美元进行可行性分析之后，有证据表明这个想法不太可能成功，你愿意并且能够完全放弃这个想法吗？"

这位创业者的回答并没有让我感到意外。就像我们遇到的许多自信满满的其他创业者一样，这位创业者说他已经和很多人谈过了，确信这个想法是个好主意，所以他下定决心，不管可行性分析结果如何，他至少坚持两年，如果还没有取得明显成果，才会放弃这个想法。当我得知这位创业者在此时并没有真正准备好挑战他的想法时，我有点失望，但我也很感激自己问了这个问题。

这位创业者的回答强调了一个事实，那就是评估其想法的可行性是在浪费时间，因为他已经决定继续做下去。与其这样，还不如将时间、精力和金钱用于处理应该瞄准哪个市场、产品应该具有什么功能、价格应该定多少等决策上。人们经常进行昂贵且耗时的数据分析来评估实际上已经做出的决策。这种分析本身就是一种浪费，还会因为决策延后执行而导致机会成本增加。从决策逆推可以帮助我们避免这样的错误。

当然，逆向工作法也遭到了批评。一种观点认为，从决策开始逆推并思考决策树的分支，这可能使我们面临证实性偏差或盲点，从而容易错过某些

分支，而这些分支也许原本会在整个过程中显露。更糟糕的是，我们可能会在不经意间影响决策的结果。实际上，逆向工作法是框架内思维方法，它假设决策者在早期已经确定了决策的可能分支。话虽如此，确定决策分支的过程可能非常细致，也许需要进行几周乃至几个月的探索性分析，以确保探索了所有相关的可能分支。

为了获得框架外洞察，采取逆向工作法的人应该有意识地考虑到意外洞察并据此采取行动。我们在本书中反复强调，定量直觉过程中没有任何东西必须是线性的。

人们往往沉迷于框架外思维，因为不想错过不知道的事情。在对未知的探索中，我们常常没有花足够的时间，为未知的事情寻找答案。我们之所以知道自己不知道这些问题的答案，是因为这些问题就在我们的关键路径上。从你知道需要做出的决策开始，借助逆向工作法，你的数据驱动之旅可以最大程度地为你找到未知的问题的答案。

关于对决策过程的影响或者证实性偏差，通过逆向工作法，我们不是先决策然后踏上数据驱动之旅，而是先定义一个决策树，其中至少有两个有意义的分支可供选择，然后制订分析计划，让你做出某个决策。确保至少有决策的两个可能分支，最重要的是，确保参与决策过程的每个人知道所有分支都是可行的，而目标是找出应该采取的决策分支，确定决策分支的过程可以使分支本身不会受到影响。

走人迹罕至的路

根据我们的广泛经验，逆向工作法虽然优点明显，但在商业决策中并未被经常使用。为什么呢？一个原因是人们缺乏对这种方法及其优点的认识，本书应该有助于改变这种状况。另一个原因涉及付出和风险。逆向工作法的

第4章 逆向工作法，以退为进地思考问题

前两步——创建决策树和撰写计划报告，需要管理层在此过程的早期就深入参与，而管理层却总是忙于"救火"。

管理层不愿意花时间和精力来明确界定项目的另一个原因在于，他们错误地认为这是分析师或顾问的工作。作为领导者，如果我付钱给服务商或咨询公司进行分析，那为什么我要参与他们的工作，为他们撰写计划报告？同样，短视的服务商（或咨询公司）可能也不愿意让他们的客户参与这个过程，也许是因为他们想避免被客户盯得太紧，也许是因为他们认为这是自己的专长，也是他们被雇用的首要原因。这种供求关系注定浪费资源，徒劳无功。

有些人可能会出于风险规避的原因而弃用逆向工作法。让我们回到《爱丽丝梦游仙境》中的那个场景。采用逆向工作法意味着决定你想要去哪里，定义待做出的决策，并确定到达那里的路径。定义待做出的决策也意味着我们已经提出了失败的衡量标准。

传统的正向方法让人感到安心和安全，因为不需要先做出任何决策，发现的任何洞察都可以被视为胜利。如果正向方法最终没有带来任何洞察或决策，就可以把问题归咎于顾问或分析师。通常情况下，对风险的这种感知会因为过程开始时问题的模糊性而被进一步放大，但具有讽刺意味的是，这种模糊性就是在早期投入时间和精力来预先界定问题和决策的主要原因。

对于可能存在的时间管理问题，一个解决方法是在项目开始之前，就有意识地让管理层留出时间与项目执行团队一起界定基本问题，了解可能的决策，并启动计划报告撰写过程。不要低估管理层深入参与并提供意见的重要性。让他们尽早参与可以防止在数据驱动旅程中误入歧途，避免把时间和精力浪费在错误的事情上。

至于风险，我们现在应该可以清楚地知道，**定量直觉的主题是让决策者将判断与数据和分析相结合，在面对不确定性时自信地做出决策。**

亚马逊逆向工作法

亚马逊公司以逆向工作法著称。[2] 这家科技公司对"新闻稿/常见问题解答"（Press Release/Frequently Asked Questions，PR/FAQ）的运用十分成功，关于"如何发布成功产品"的许多案例研究都把该公司作为研究对象。

在亚马逊，大多数新产品或新服务的创意都源于 PR/FAQ。这包括从 PR 团队的视角，以产品发布在即的情境撰写一份新闻稿。这种"心理时间旅行"不需要你刻意逆向思考就能将你带入逆向工作法。在做出是否投资新产品或服务的决定之前，在产品的全部范围被定义之前，这个产品创意的拥护者会着眼于未来几个月或几年，模拟亚马逊向公众发布该产品，提前设想如何将产品引入市场，包括描述该产品是什么、确定产品的目标市场、产品将要解决的客户问题以及如何解决问题。这种方式有助于决策者从客户的角度看待产品，并决定是否在第一时间投资这个产品创意。

为了配合单页新闻稿的发布，项目团队还创建了不超过 5 页的常见问题解答。这些常见问题解答经过精心制作，列出了客户和内部利益相关者可能对产品提出的疑问，就好像产品已经发布了一样。要考虑的重要问题包括：亚马逊为什么应该或不应该开发这种产品、预期障碍是什么、与现有产品是相互重叠还是互为补充，以及在做出关于该新产品的决策时是否有"房间里的大象"①。尽早考虑这些问题可以使决策和开发过程更加有针对性。于是，PR/FAQ 就变成了活生生的文档，可以多次迭代和更新，为产品从构思到实现的过程提供指引。

《逆向工作法》（Working Backwards）一书指出，大多数 PR/FAQ

---

① "房间里的大象"（the elephants in the room），英文谚语，指对于某些显而易见的事实，集体保持沉默的社会现象。——编者注

第 4 章 逆向工作法，以退为进地思考问题

文档最终都不会变成产品。那么，花这么多精力写 PR/FAQ 文档是在浪费时间吗？大多数情况下不是。这个过程突显了逆向倒推和提前花时间了解细节和约束条件的重要性。**逆向工作法可以最大限度地避免对前景不佳的产品创意投入更多。**

亚马逊使逆向工作法广为人知，现在这种方法被其他公司用来预测他们在做出某个决策或发布某个产品时可能面临的挑战和问题。

本章要点

- 不要指望数据既提供问题又提供答案。聚焦于基本问题,然后将数据与直觉相结合以找出答案,这是你的责任。

- 从手头的决策入手,然后逆向倒推,找出所需的数据和分析。

- 问题不明确时,使用"为什么"方法来确定基本问题或待定决策。

- 从决策入手虽会涉及前期时间和风险,但可以最大程度地提高数据驱动之旅的目的性和有效性。

DECISIONS OVER DECIMALS

第二部分

在背景中理解
数据，从分析走向综合

DECISIONS

第 5 章　数据情景化，成为严厉的数据审问者

OVER

DECIMALS

拷问数据，它就会坦白一切。

——罗纳德·科斯（Ronald Coase）

我们在第 1～3 章中讨论了如何聚焦于基本问题，现在我们将探讨**定量直觉的第二支柱——数据情境化**。在这个阶段，我们收集、清理和仔细审查数据，为我们精心提出的问题寻找答案。这就是定量直觉中的"定量"发挥主要作用的地方。但即使在这个阶段，直觉、判断和大量的怀疑也是必不可少的。

在这个阶段，你可能会觉得，分析不是我的强项，所以我把这项工作留给"量化分析师"——那些拥有工程、数学、经济学或数据科学学位或者精通 Excel 甚至 Python 的人。审视数据的确需要一些技能，但其中很少包括强大的数学技能。审视数据的关键是掌握这些数据的背景。通常，对业务有深刻理解的管理者最适合评估问题或待定决策的背景，因此，适合探究数据的方法，未必是从统计学的角度进行的，而是通过一系列的批判性提问。这种"审问"可以使你确定是否拥有正确的数据来解决基本问题和评估结果及建议的合理性。审问者需要强大的直觉能力和商业敏锐度。正如第 2 章强调的那样，想

第 5 章　数据情景化，成为严厉的数据审问者

要成为严厉的数据审问者，关键是提出一系列强有力而精确的问题。

本章的目的是使你成为数据和分析的严厉审问者，而不需要你成为分析师或数学天才。究其核心，审问主要是为了提出正确的问题。毕竟，数据的好坏取决于你问的问题。数据审问有以下 3 个重要维度。

1. 评估数据及其可靠性。

2. 将数据置于背景中。

3. 对分析进行压力测试。

对于这 3 个维度，我们都提供了步骤、工具、示例和问题，以助你成为严厉的数据审问者。

但在深入探讨数据审问的 3 个维度之前，让我们先来看看管理者的类型。正如第 1 章提到的，可以将数据驱动旅程定义为一个包括 5 个步骤的过程：发现问题、收集数据、分析数据、洞察或交付和实施决策。根据我们的经验，管理者往往分成两种类型，第一种是超然物外型。这种管理者总是心无旁骛，全神贯注于手头的决策，几乎从不关心摆在他们面前的数据和分析。事实上，这种类型的管理者在看数据之前就已经确定了他们的行动方案。他们有（或者自认为有）很强的直觉。用安德鲁·朗格（Andrew Lang）的话来说，这些管理者的问题在于，他们"使用数据就像醉汉使用路灯柱一样——为了支撑而不是照明"。他们很少对分析提出质疑，他们对数据的解读是为了支撑自己的观点，审问数据只是为了获得期望的洞察或结论。

第二种是数据型，我们遇到过很多这种类型的人。你向数据型管理者提交了一份包含 1 000 多个单元格的 Excel 工作表，他们会花费数小时查看工作表中的每个单元格，就好像公司的目标是生成完美的电子表格，而不是做出有效的决策。此类管理者的问题在于，他们往往只见树木不见森林。他们太

沉迷于数据，以至于忘记了踏上这段旅程的初衷，忘记了想要解决的问题甚至需要做出的决策。

优秀的定量直觉决策者会（未必是以线性方式）仔细检查和确保数据的有效性，评估分析和洞察，确保洞察是可执行的，同时始终专注于他们试图解决的业务问题。这要求我们只在必要时才深入研究数据，从而对最终的行动方案产生积极作用。如你所见，数据审问既是一门艺术，也是一门科学，贯穿定量直觉框架的 3 个步骤——精确提问、背景分析和信息综合。现在，我们将讨论数据审问的第一个维度：评估数据及其可靠性。

如何评估数据及其可靠性

我们生活在大数据的世界里。显然，大数据和数据科学将继续存在，并带来巨大的价值。但与此同时，大数据也有一些缺点。有了大量的数据，我们通常会花更少的时间去寻找有用的数据，而花更多的时间和精力对堆积如山的数据进行筛选，以期找出相关和可靠的数据集。由于有更多的数据可用，演示时间变得更长，表格变得更多，我们常常被无穷无尽的数据和分析淹没，却没有得到什么有用的洞察，更不用说获得更深入的洞察，把事情看得更加透彻。这种数据过载有时来自未知或可疑的源头，这使得评估数据的完整性变得更加困难，也增加了引发数据钓鱼（data fishing）的风险，也就是人们特意去寻找可以支持其观点或假设的数据。这种特意寻找想看到的数据以证实自己观点的行为通常被称为证实性偏差。大量的数据会使证实性偏差更容易发生，也更难被察觉。

庞大的数据量带来了如此多的挑战，不擅长数据分析的管理者如何避免偏差和丧失分析能力？关键在于问对问题。

为了可靠地进行数据评估和分析，我们建议问以下 3 个问题。

1. 我收集了哪些数据？

2. 我没有看到哪些数据？

3. 我能信任这些数据和分析吗？

我收集了哪些数据

在进行任何分析之前，你要问自己的第一个问题是，有哪些变量和指标可供使用？收集到的数据是真正需要的吗？有正确的变量来帮你做决策吗？正如第 4 章所述，决策者有时宁愿"精确地错"，也不愿"模糊地对"。他们可能更愿意看到精确但与问题不太相关的可用数据集，而不是那些不太精确却对决策至关重要的数据。

以一个新的巧克力饼干品牌为例。在全国范围内推出产品之前，该品牌遵循了在具有代表性的单一市场中测试产品的惯例。测试市场被用来检验产品的性能和评估不同的定价、广告和分销策略。在测试期间，该品牌收集了自己和竞争品牌的销售、市场份额和广告支出数据以及其他调查数据。在产品测试 3 个月后，核心数据很亮眼。测试非常成功，产品的市场表现强劲，销量超过预期，与之前推出的新产品相比毫不逊色，甚至犹有过之。该产品在同类产品中所占的市场份额大大超过了预期。

目前待做出的决策是，该品牌是停止测试并在全国范围内推出产品，还是停止测试而不推出产品，抑或是继续测试几个月。第三种选择——继续测试，可能会因为推迟全国范围上市而导致机会成本增加，并且可能引发竞争对手的反应。数据似乎支持第一种选择——停止测试并在全国范围内上市。但此时，你要问自己收集了哪些数据以及你的 IWIK 回答是什么，收集到的数据是否有助于回答你的 IWIK 问题？从决策逆向倒推，是否拥有必要的数据让你可以自信地做出关于产品发布的明智决定？

考虑到销售数据的驱动因素以及在全国范围内推出产品的决策的前瞻性，你可能需要把整体销售数据细分为试用销售数据和重复购买数据。顾客的重复购买意愿高不高？事实上，当我们查看该品牌产品的试用销售数据和重复购买数据时发现，产品推出后的大力宣传使得试用销量超出预期，但实际的重复购买数据和购买后的调查结果（询问顾客是否打算再次购买该产品）都远低于预期。出色的试用销量数据弥补了低迷的重复购买数据，从而造就了亮眼的整体销量和市场份额数据。通过提出正确的问题以及着眼于整体销量和市场份额数据之外的数据，我们看到了一个不同的、不太乐观的产品前景。如果管理者没有事先想到区分试用销售数据和重复购买数据，就会错失这个重要的洞察，并可能在这种情况下做出错误的决策。

许多著名的失败决策都是由于收集了错误的数据。可口可乐公司在1985年决定停止生产深受消费者喜爱近100年的原配方可乐，转而推出新可乐。这一决定是为了应对主要竞争对手百事可乐。盲品测试显示，百事可乐比可口可乐更受欢迎。可口可乐管理层花费巨资进行了大规模的市场调研——将近20万名潜在顾客在被蒙住双眼的情况下，品尝一种含糖饮料的不同版本，其中一些是可口可乐生产的，另一些是竞争对手生产的。通过广泛的调研，可口可乐公司开发了一种新的配方，这一新配方在盲品测试中显示比可口可乐原配方和百事可乐更受欢迎。于是，可口可乐公司决定用新配方代替原配方。而这一决定遭到了许多可口可乐忠实消费者的强烈抵制和抗议，甚至引发了骚乱。可口可乐的管理层对消费者的强烈反对深感意外，最终决定重新推出经典可乐，保留了人们喜爱的原始配方。企业很少做出这种戏剧性的态度180度大转变的决策，但一旦发生，往往是破坏性的。

推出新可乐的决策过程究竟错在哪里？毕竟，在做出这一决策前，可口可乐公司花费了数百万美元和数千小时进行市场调研。让我们来看一下可口可乐公司收集了哪些数据。用于决定最佳可乐口味的主要标准或关键绩效指标（Key Performance Indicator，KPI）是基于被蒙住双眼的消费者对各种可乐配方的品尝测试。为什么用这个KPI来做决策是错误的？事后来看，答案似乎很简单：消费者不会在超市里蒙着眼睛买饮料。考虑到几十年来塑造了美国人偏好的品牌和口味，可口可乐公司没有提出的问题是，睁大眼睛看标签、名称和包装的超市消费者，会不会更喜欢新口味的可乐而不是原来的可乐？显然，这个问题的答案是否定的。

管理者如何提出正确的问题并确保收集到正确的 KPI？让我们来看看前面的两个例子：巧克力饼干的市场测试和新可乐的推出。这两个例子都忽略了基本要素：了解和探索消费者行为的驱动因素。如果可口可乐公司的领导者像第 3 章讨论的那样，进行了有效的 IWIK 会议，或者像 4 章讨论的那样，谨慎地从决策逆向回推到做出那个决策所需的数据，那么他们就更有可能收集到正确的数据，从而做出正确的决策。这些方法可以帮助决策者建立正确的标准来解释客户的购买决定，比如市场测试案例中的试用销售数据和重复购买数据，或者消费者对经典可乐的偏好甚至热爱，这种热爱是无法通过盲品测试来衡量的。

在评估数据和 KPI 时，另一个需要警惕的是平均值。由于在调研报告中几乎不可能列出所有的数据，因此列出不同群体的平均值是常见做法。然而，平均值可能具有误导性。比如一项调查要求消费者对橙汁中果肉的偏好程度打分，评分范围为 −2～+2。如果参与调查的人分成两个群体，一些人喜欢果肉多的橙汁，另一些人喜欢果肉少的橙汁，那么这就可能导致对果肉的平均偏好值在 0 左右。仅从消费者对果肉的平均偏好值来看，研究人员可以得出"消费者并不关心果肉"这一结论。但事实并非如此，因为所有的消费者实际上都关心橙汁中的果肉含量，只不过有一半人喜欢果肉多，而另一半人喜欢果肉少。

平均值不仅可能掩盖真相，还可能导致完全错误的结论。假设你正在进行一项广告试验，其中一些客户是某在线展示广告的目标客户，而另一些则是随机选择的客户。表 5-1 的最后一行数据显示，这个广告似乎有效果。在看到这个广告的客户中有 8.3% 的人最终购买了产品，而没有看到这个广告的客户中只有 7.8% 的人购买了产品。由于这个广告是随机展示的，因此分析师得出结论：该广告是有效的，建议向所有客户投放。而另一位查看广告试验结果的分析师想知道该广告对新客户和老客户产生的效果如何（表 5-1 中的第 1 行和第 2 行）。她惊讶地发现，无论是新客户还是老客户，看广告的客户的购买率都低于不看广告的客户的购买率。但这怎么可能呢？试验的总体结果难道不应该是两个群体之和？为什么各个群体（新客户和老客户）在不看广告的情况下会有更高的购买率，但从总体上来说，观看广告却会带来更高的购买率？这种情况被称为"辛普森悖论"（Simpson's Paradox）[1]，即将不同群体合在一起观察的结果，与单独观察每个群体的结果相反。

表 5-1　辛普森悖论示例

	不看广告	看广告
新客户	7.3%（1 920/26 300）	6.9%（550/8 000）
老客户	9.3%（810/8 700）	8.7%（2 340/27 000）
总体购买率	7.8%（2 730/35 000）	8.3%（2 890/35 000）

我们应该怎么做？我们如何知道应该查看哪些数据切片？这位分析师恰巧按照新客户和老客户来对数据进行切片，但如果她按照地理位置、客户年龄、客户收入以及在笔记本电脑上观看广告的客户来对数据进行切片，又会发生什么呢？这会导致不同的结果吗？与前面的示例一样，这一切都归结为与决策相关的 KPI。重要的数据切片应该是你能够并且可能想要据此采取行动的数据切片。

许多公司没有意识到关注平均值的风险，因此经常打造处于消费者偏好中间的平庸产品，却两头不讨好。假设我们为顾客提供中等温度的茶，介于某些顾客对冰茶的偏好和另一些顾客对热茶的偏好之间，那么我们就会为所有顾客提供不冷不热的茶，结果是没有任何顾客会喜欢。因此，警惕平均值，确保你不会给你的顾客或同事端上一杯不冷不热的茶。

第5章 数据情景化，成为严厉的数据审问者

在考虑数据或分析时，管理者需要成为严厉的审问者。首先，问自己一些关键的问题：这些是我期望看到的 KPI 吗？我需要知道这些 KPI 才能做出决策吗？我还希望知道什么才能做出决策？

我没有看到哪些数据

你观察到的数据几乎从来都不是数据的全貌，总是有数据的某些方面是你没有看到的，即使是政府收集的人口普查数据（目标是涵盖所有公民），也往往会遗漏一部分人，比如无家可归者以及选择不回应的人。**严厉的数据审问者必须问两个关键问题：我没有看到哪些数据？我遗漏的数据和我观察到的数据相似吗？** 人们通常假定未观察到的数据与观察到的数据相似，但如果这种假定不正确，就可能导致错误的预测和错误的决策。

数据缺失的一个著名案例可以追溯到第二次世界大战。美军工程师检查从战场上返回的飞机，以评估在哪里加固装甲可以加强对飞机的保护。图 5-1 显示，正如人们预料的那样，飞机被击中和遭到损坏的地方（图中黑圆点）大多集中在机翼和机身主体等表面积较大的区域。根据这一数据，工程师决定加固这些高风险区域。亚伯拉罕·沃尔德当时是哥伦比亚大学的统计学教授，也是美军顾问。他看了这个数据，却建议加固驾驶舱、发动机和油箱周围区域的装甲。美军工程师问沃尔德是不是和他们看的是同一个数据。事实上，沃尔德想到的是遗漏的数据。他意识到，这些工程师没有考虑到幸存者偏差（survival bias）——当采样仅限于通过了某种筛选过程的人或物时，就会发生这种错误。驾驶舱、油箱或发动机被击中的飞机，再也没有从战场上返回。

在本案例中，观察到的数据（返航飞机的损坏情况）与未观察到的数据（未返航飞机的损坏情况）截然相反。我没有观察到哪些数据？观察到的数据与未观察到的数据相似吗？这两个疑问帮助沃尔德发现了被观察数据的问题。

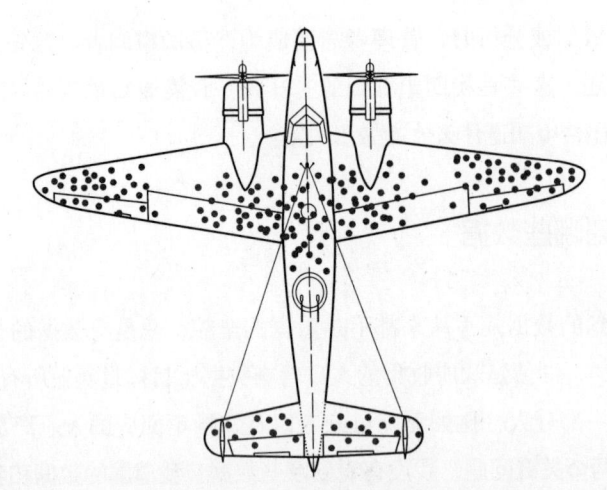

小数决策　DECISIONS OVER DECIMALS

图 5-1　在某次调研中，第二次世界大战中飞机被击中和遭到损坏的地方（图中黑圆点）

数据缺失的另外两个著名案例是对 2016 年美国总统大选和 2016 年英国脱欧公投民意调查的错误预测。许多人拒绝参与这些民意调查，他们的观点与那些参与者的观点大相径庭。民意调查员未能进行正确的调整，没有考虑到不参与者的观点。这被称为无应答偏差（nonresponse bias），它反映了一个特殊的数据缺失问题。如果不回应者与回应者存在明显的差异，这种偏差就会出现。对于不回应造成的数据缺失问题，一个可行的解决方法是在回应者和回应之间拉开一定程度的距离。例如，在 2016 年美国总统大选中，预测准确的少数几个民意调查要求人们预测邻居会把票投给谁。这种方法有助于克服无应答偏差以及因不诚实应答而造成的偏差。

在上述 3 个案例中——对第二次世界大战飞机的分析，美国总统大选和英国脱欧公投民意调查，数据提供者无意向决策者隐瞒部分数据，但数据缺失导致了错误的预测或决策。在商业或公共政策的背景下，数据提供者可能只展示支持其观点的部分数据，这种情况可能包括故意隐瞒数据或对数据含糊其辞。

就数据缺失导致严重错误而言，上文所述的数据缺失案例只是冰山一角。

严厉的数据审问者如何降低数据缺失的风险？在定量直觉框架中，答案始终围绕几个问题：我没有看到哪些数据？数据中是否包括了无回应者的看法？我没有看到的数据和我看到的数据相似吗？谁提供了数据？他们有理由不向我展示全部数据吗？如果有，他们可能会隐瞒什么数据？

我能信任这些数据和分析吗

在数据驱动决策方面，最常见的一个陷阱是没有意识到作为决策依据的数据是有缺陷的。假设收集的数据包含正确的KPI，你应该想想该数据是否准确可靠。同样重要的是，要了解数据生成和分析背后的假设。

根据失真数据做出错误决策的著名案例数不胜数。例如，哥伦布在1492年从葡萄牙出发，横渡大西洋，前往亚洲，他对航程距离的估计是基于中世纪一位波斯地理学家的计算结果。然而不仅这些计算结果是错误的，而且哥伦布还以为距离单位是罗马英里，但其实是阿拉伯英里。这个错误导致实际航程比哥伦布估计的多出了近5 592英里（约9 000千米）。几个世纪后，NASA在火星气候探测器的计算上犯了类似的错误。基于洛克希德·马丁公司（Lockheed Martin Corporation）的计算，NASA以为关键的加速度数据采用的是公制单位。事实上，洛克希德·马丁公司采用的是英制单位。这一错误导致火星气候探测器坠毁，损失上亿美元。

关于错误数据的危害，另一个案例是代价惨烈的2008年金融危机。之所以这场危机会发生，是因为有关次级抵押贷款固有风险的数据出现错误和缺失。在2008年金融危机中，一些错误的数据可能是出售次级抵押贷款的人故意为之，他们使用虚荣指标来展示这些贷款。虚荣指标表面上看起来非常亮眼，但并不能真正反映基本状况，也无助于了解市场表现或者为决策提供依据。在商业环境中，典型的虚荣指标包括社交媒体点赞数、分享数或者不计成本的促销销量等数据。对于年收入呈下降趋势的企业来说，另一个常见的虚荣指标是累积收入。显而易见，累积收入总是在增长。

那么，如何发现数据可靠性问题呢？当你收到数据或拿到调查结果时，要做的第一件事就是检查汇总统计数据，例如数据中每个相关变量的平均值和数值范围。这将帮助你快速发现较为明显的数据问题。

如果你发现数据中的客户平均年龄是150岁，或者公司员工的平均任期是45年，那么你就知道这些数据是错误的。同样，检查最小值或最大值也有助于发现异常值。假设有一项采取10分制的调查，你发现调查结果中的最小值为1，最大值为34，那么你就知道数据有问题。在10分制中，最大值不能超过10。

快速审问数据的另一种方法是以便于分析数据可靠性的方式绘制数据图。简明的数据图可以将大量或复杂的数据简化成一份视觉资料。仅仅是要求分析师报告每个变量的平均值或者绘制可视化数据图，就让我们无数次地发现了数据中的问题。简明的数据图可以帮助你发现数据中的重要模式，就像下面安斯科姆四重奏这个案例一样。

请记住，将数据从一个软件或系统导入另一个软件或系统时，数据可能会失真。精通分析方法并且希望立即开展分析和交付结果的分析师，可能会跳过检查汇总统计数据的步骤。请确保他们不会这么做！

决策面面观　安斯科姆四重奏

DECISIONS OVER DECIMALS

在与高管的定量直觉研讨会中，我们分享了由统计学家弗朗西斯·安斯科姆（Francis Anscombe）提出的"安斯科姆四重奏"数据，如图5-2a所示。我们要求与会者找出4个数据集（Ⅰ、Ⅱ、Ⅲ和Ⅳ）中两个变量x和y之间的关系，就像广告和销售之间的关系一样。一个有趣的模式经常出现：一方面，具有统计学或数据科学背景的与会者，倾向于立即采用通常用于识别变量关系的统计分

第 5 章 数据情景化，成为严厉的数据审问者

析方法，比如相关性或回归分析，甚至是采用花哨的机器学习模型；另一方面，不太熟悉统计分析的与会者，经常采用数据图（例如使用散点图）来识别可能的模式，从而发现变量之间的关系。在这个案例中，不太精通统计分析的与会者表现更好。

	I		II		III		IV	
	x	y	x	y	x	y	x	y
0	10	8.04	10	9.14	10	7.46	8	6.58
1	8	6.95	8	8.14	8	6.77	8	5.76
2	13	7.58	13	8.74	13	12.74	8	7.71
3	9	8.81	9	8.77	9	7.11	8	8.84
4	11	8.33	11	9.26	11	7.81	8	8.47
5	14	9.96	14	8.10	14	8.84	8	7.04
6	6	7.24	6	6.13	6	6.08	8	5.25
7	4	4.26	4	3.10	4	5.39	19	12.5
8	12	10.84	12	9.13	12	8.15	8	5.56
9	7	4.82	7	7.26	7	6.42	8	7.91
10	5	5.68	5	4.74	5	5.73	8	6.89

（a）

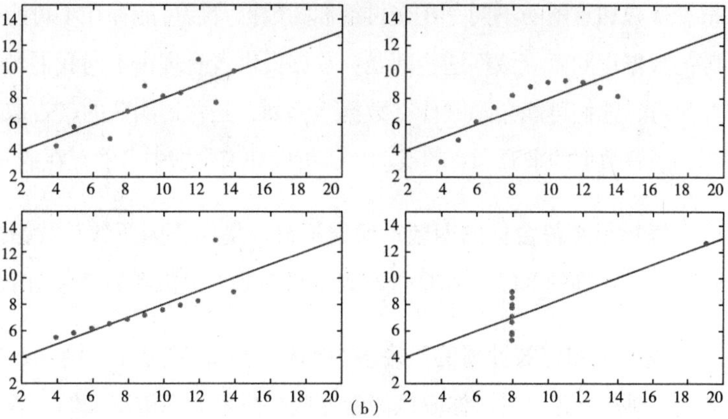

（b）

图 5-2 安斯科姆四重奏

采用统计分析（相关性或回归分析）的与会者会得出所有 4 个数据集都相同的错误结论，因为 4 个数据集的所有典型统计指标

087

（如平均值或相关性）都是相同的。而采用可视化数据图的与会者发现了图 5-2b 所示的模式。数据图使他们可以审问数据。他们发现，这 4 个数据集具有不同的内在模式，如果直接进行分析，这些模式就会被掩盖。数据图还揭示了需要对数据集 III 和 IV 进行异常检查。我们的研讨会与会者越是具有定量意识，就越有可能直接掉入陷阱，因为他们在进行分析之前没有审问数据。这告诉我们要三思而后行：在进行分析之前，绘制数据图可以了解可能的模式并为分析提供指引。

评估数据

为了检查数据的可靠性，严厉的审问者会提出一系列问题。我们鼓励使用以下的问题来指引数据审问。

数据的来源是什么？ 数据和分析很少会随机出现在你的办公桌上。在为何和如何收集数据以及向你展示分析的背后，通常存在着一些意图（有好有坏）。根据来源和意图的不同，在交付给你的数据背后可能存在不可明言的动机。严厉的数据审问者应该问这些问题：数据提供者有理由不向我展示全部数据吗？如果有，他们可能会隐藏什么数据？例如，是营销团队的广告取得成功的证据吗？了解数据的来源、意图或动机，可以知道数据中可能存在的问题。

指标是否符合你的期望？如果不符，是何原因所致？ 数据提供者是否向你展示了正确的 KPI？你是否看到了粉饰数据提供者的虚荣指标？

指标是如何被计算的？ 许多指标缺乏明确的定义。例如，当某公司自称拥有 1 000 万客户时，你应该清楚这些客户是如何被定义的。客户是所有访问过公司网站的人（即使他们从没买过任何东西），还是五年前最后一次购买公司产品的人？或者是在过去一年中经常购买公司产品的活跃客户？根据数据背后的动机，数据提供者可以选择不同的指标定义。确保你了解这些指标定义，特别是对你的决策至关重要的部分。

数据是何时何地收集的？ 时间、地点和背景是否与即将做出的决策相关？我们是否应该根据 2017 年奥地利的手机钱包使用率来判断 2022 年匈牙利的手机钱包使用率？我们恰好有以前来自奥地利的准确和可靠数据，但没有现在来自匈牙利的可靠数据。我是应该使用准确但不太相关且可能过时的奥地利数据，还是应该使用不太准确但时间更近的匈牙利数据？

是否与具有相关性和可比性的替代物进行了比较？ 如果与合适的竞争对手相比，几乎每家公司都可以看起来不错。如果进行比较，这些指标是否在替代方案之间具有可比性？不同的公司可能以不同的方式度量相同的 KPI（例如客户数量）。

缺少了什么？还有其他的相关数据点吗？ 你是否掌握了这些数据的历史演变历程，以便发现可能的趋势？

我没有看到的数据和我看到的数据相似吗？ 你没有捕捉到什么数据？什么数据被遗漏了？你会不会成为无应答偏差或幸存者偏差的受害者？

是否存在异常值？ 是否有提供者无法解释的数据（异常值）没有被展示出来？异常值是否揭示了可能有价值的模式？

问自己这些问题可以帮助你仔细审视交付给你的数据和分析。请注意，你不必是数学天才或数据科学家，照样能够提出或回答这些问题。

事实上，正如"安斯科姆四重奏"中的案例所示，情况恰恰相反。你需要的只是好奇心、批判性思维和对数据背景的了解。你需要将定量信息与强大的直觉和商业敏锐度相结合。

因此，定量直觉中的直觉是强大的工具，在此过程的早期发挥着指引作用：良好的直觉是数据审问的关键组成部分。

审视数据的黄金法则，将数据置于背景中

假设你已经完成了数据审问的第一个维度，即评估数据及其可靠性。简而言之，你已经确保收集了正确的数据，并且数据是可靠的。你已经绘制了数据图，它看起来一切正常。你的分析师使用最时兴的分析工具对数据进行了分析，并交付了结果。

数据审问的下一个维度是将数据置于背景中。这是审视数据的黄金法则，十分重要。背景为王。以下3个问题将帮助你将数据置于企业背景和商业环境中。

1. 这些数据在企业运营的背景中意味着什么？

2. 这些数据与历史数据相比如何？

3. 这些数据与竞争对手的数据或者具有可比性的其他数据相比如何？

那么，背景是如何起作用的？举个例子。某报纸主编亚历克斯担心，消费者远离传统新闻媒体的大趋势可能会影响到这份报纸的生存。假如该报纸的利润比去年减少了5%。亚历克斯关心这份报纸的利润是理所应当，但这个数据是否表明她应该调整公司业务呢？

亚历克斯的第一个问题应该是：这个数据与公司的整体运营情况有什么相关性？这促使亚历克斯在公司整体背景中审视利润的下降：5%的下降可能是由于需求下降或成本上升。二者中的任何一个相对于公司的整体运营都可以忽略不计，这可能表明亚历克斯不需要调整公司业务。事实上，成本上升可能是由于对新产品的投资，而新产品将在未来产生收入，在这种情况下，由此产生的5%利润下降并不是一个负面信号。把数字放在公司运营的背景中，可以帮助亚历克斯认识到利润的下降是否是值得警惕的信号。

亚历克斯的第二个问题应该审视数据的历史背景：5%的利润跌幅与前几年的利润变化相比如何？如果利润每年都以正负7%的幅度波动，那么5%的波动就在预期范围之内。另外，如果这份报纸的利润在过去五年中一直稳步增长，而今年却突然下降，那么今年的下降可能就是一个令人担忧的信号。

最后，亚历克斯应该考虑的第三个背景是竞争对手或可比数据。如果当地竞争对手今年的利润都有所上升或保持稳定，亚历克斯是否应该或多或少地担心其公司的未来？乍一看，你可能会认为亚历克斯应该更担心今年会不会只有她的报纸利润下降。然而，请记住，对亚历克斯来说，真正的担忧是印刷报纸的需求下降。在这种情况下，亚历克斯应该更担心的是所有报纸都走下坡路，而不是只有她的报纸倒霉。即使她的报纸的利润跌幅在历史范围内，相对来说可以忽略不计，但如果整个行业都在走下坡路，这就是行业的坏消息。如果是这样的话，亚历克斯可能还需要研究其他指标，比如数字订阅用户或在线读者的增长情况。

想要真正理解数据对公司的重要性，将数据置于背景中来考虑是至关重要的一步。始终对数据进行多方考量。当你看到一个积极或消极的数据时，不要急于下结论，要从企业运营、历史、商业环境以及现在和未来的角度全方位思考这个数据的意义。

对分析进行压力测试

现在你已经评估了数据并将其置于整体背景中，接下来你需要一种方法来对分析进行压力测试并验证结果的可行性。

假设有位同事给你发了一份预测明年利润的 Excel 工作表。这是一个庞大的工作表，包含了 1 000 多个单元格，充斥着庞大的数据，令人眼花缭乱。如何在不检查每个数据的情况下对分析进行压力测试？

对分析进行压力测试时，一个有效且可靠的方法是使用帕累托法则（Pareto Principle）。该法则认为，在许多情况下，80%的结果通常归结于大约20%的原因（因此该法则也被称为二八法则）。幸运的是，有两条二八法则可以使上述任务易于实施。第一条二八法则是那份工作表中通常只有大约20%的数据会影响利润，剩下80%的数据只是为了体现完整性或用于计算。例如，在计算明年的企业运营成本时，需要将办公室的保洁成本包括在内，但就算保洁费用增加至原来的3倍，甚至10倍，对公司利润的影响都微乎其微。即使你认为这些数据大错特错，也不需要关注其中那些没什么影响的数据。

第二条二八法则与你对每个数据的确定程度有关。幸运的是，你对大多数数据的确定程度应该相当高，可能是因为它们与去年的数据相似，公司在大多数方面都没有太大变化，或者是因为你熟悉这些数据及其组成部分（如美元对欧元的汇率）。你只需要关注那些让你多看两眼的少数数据。事实上，你应该只关注不确定但重要的数据。根据这两条二八法则，你需要关注的数据应该只占数据总数的4%左右（20%×20%＝4%，见图5-3）。

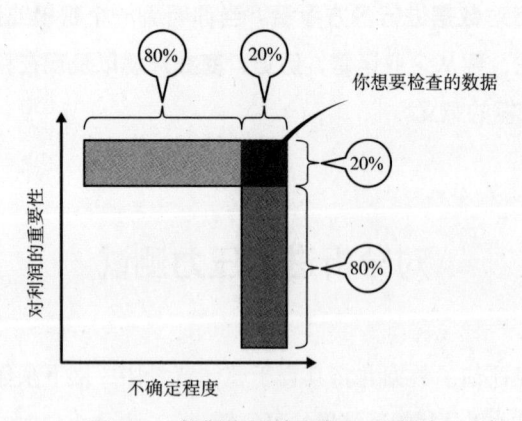

图 5-3 数据审问的两条二八法则

现在你可能会想，我怎么知道数据是否对利润有影响？就许多数据而言，你的商业敏锐度和对公司的熟悉程度会有所帮助。对于其他的数据，你可以进行敏感性分析。修改你想要分析的数据，然后看看分析中的重要指标有什么变化。例如，如果你不确定销售人员的薪酬对公司的利润有多大影响，你可以将当前薪酬减半或加倍，看看利润会发生什么变化。

那我们如何培养对数据的直觉，以便知道它们是否超出了大致范围？你根据经验就可以知道一些关于公司的数据，数据直觉就从这里开始。你需要进一步发展你的直觉来处理不熟悉的数据，例如知道数据是太高、太低还是差不多。为了培养这种直觉，你可以进行粗略的估计，我们将在第6章讨论这一点。

数据和分析的来源也会影响你的不确定程度。你应该时刻留意数据和分析来源背后隐藏的动机。在这方面，你可能对公司的某些业务比其他业务有更好的直觉。让团队参与进来可以增强你的直觉。不同的团队成员可能对公司的不同业务有良好的直觉。例如，如果你来自运营部门，你可能熟悉库存数据，但对营销数据却不太了解。查看营销数据，重点关注你特别不确定的数据，标记它们，并要求营销负责人只检查这些数据。建立具有不同专业背景的多元化团队有助于提高团队的集体直觉，认识到哪些是重要的或不确定的数据。

对分析进行压力测试的另一种方法是聚焦于你有良好直觉的分析领域。对于0、1或无穷大的情况，人们通常会有较好的直觉。假设要对预测明年利润的工作表进行压力测试，你可以把销量数据设为0。这时，直觉可以清楚地告诉你，如果不销售任何产品，公司的利润会发生什么变化——变成负数。如果把销量数据设为1，也会出现类似的情况。那么设为无穷大呢？你无法在Excel表格中输入无穷大的数据，但你可以将销量数据设为去年的10倍。这时，营收数据应该会爆增，公司利润也有望变得更多。通过这种方式对分析进行压力测试，可以非常快速地评估几乎任何模型或逻辑，无论它有多复杂，都不需要深究其细节。

决策面面观

DECISIONS OVER DECIMALS

IBM 对硅谷创业公司进行的压力测试

"我不知道怎么解释这个电子表格。要么表格有问题，要么你的公司有问题。"

显然，这话很有挑衅意味。我为什么这么直言不讳？这是我的定量直觉在起作用，而在打完这通电话几年后，我与弗兰克、内策尔才定义了定量直觉的概念和模型。

当时，我是 IBM 尽职调查团队中的一员，我们的团队正在寻找技术合作伙伴以促进创新。我们正在评估一家硅谷创业公司，尽职调查本应只花几周时间，但进度开始被拖延。创业公司管理团队的演示条理清楚，他们对公司前景的预测充满乐观，因为公司得到了一家大型风投机构的融资，高管关系也很稳固。他们当时还不是硅谷的宠儿，但他们肯定走在正确的道路上。如果这家创业公司能够兑现承诺，这对 IBM 而言，将是潜在的高额回报，但由于估值过高，也将是一笔昂贵的投资，因此必须进行尽职调查，避免走弯路并规避风险。

从定量直觉的角度来看，他们的叙事条理分明，但对我来说，实质并不清晰。他们的技术看起来不错，但是可复制的。他们是真正的创新还是仅仅比别人做得好？我和我的团队问自己，他们呈现给我们的内容有什么令人惊喜的地方？答案是几乎没有。这家创业公司的团队又试图将我们的注意力转移到出色的成果上，但并没有给出多少细节。当我们向他们提出 IWIK 问题时，他们以专有软件为借口，推脱说无法透露细节。他们不仅回避问题，而且从一开始就回避公开讨论问题。

这家创业公司是个例外吗？我们能不能根据对其经济前景的大致估计而投资他们的公司，采用他们的技术？我们是否可以推断，他们确实具备非凡的价值？他们的总体可用市场和可服务市场都是巨大的，仅北美和欧洲的市场似乎就能带来数千亿美元的收入。当

第 5 章　数据情景化，成为严厉的数据审问者

我们权衡决定时，由于定量数据非常多但并不具体，另一股名为"害怕错过"[①]的强大力量开始涌现。

然后我收到了一份电子表格。这是他们为作为其产品用户的IBM准备的"盈利模式"，其中的数据基于行业标准成本和平均运营成本。如果这份电子表格能合理地证明IBM作为客户可以从中受益，那么它也可以证明他们的市场潜力。

电子表格被锁定了，除了一个用于输入服务器数量的单元格。该单元格预填了数字10 000——令人咋舌的预测收入。团队建议我随便输入一个服务器数量，只要合理就行。其他人以为我会简单地从10 000往上加，输入"曲棍球棒效应"[②]的增加值，但按照前面对分析进行压力测试的方法，我尝试了3个非常不同的数字：100 000、1和0。直觉清楚地告诉我，如果输入1，该模型应该会显示什么。这将使我了解单位成本和推动产品业务的经济杠杆。但令人费解的是，输入3个数字后表格中都显示了非常诱人的预测收入。我感到十分震惊，1台服务器就能产生令人垂涎的预测收入，甚至没有服务器也行？唯一的解释是，这些人是巫师，他们的产品完全是魔法。

当然，那份电子表格并不是问题所在。真正的问题很明显：这家创业公司并没有真正的创新，而是寻求出售和更多的融资。对那份电子表格进行的测试证实了我们对有限数据、诱人叙事和混杂信息的怀疑。我们对所有这些数据的综合，加上源于直觉的认知，使我们拒绝与这家创业公司合作。

几周后，我们了解到，如果我们选择与他们合作，将面临其他

[①] "害怕错过"（fear of missing out，FOMO），指害怕会错过社交媒体上发生的事情，从而产生焦虑和烦恼。——编者注
[②] 曲棍球棒效应（Hockey-stick Effect），经济学术语，即在某一个固定的周期（月、季或年），前期销量很低，到期末销量会有一个突发性的增长，而且在连续的周期中，这种现象会周而复始，因其需求曲线的形状类似于曲棍球棒而得名。——编者注

的商业风险，包括知识产权限制。我们的直觉切中要害。我和我的团队避免了被诱人的故事和看似亮眼的数据吸引，因为我们听从了自己的直觉，进行了探查，确定这些数据根本不足以让我们做出充分知情的决策。

我们建议你采用上述方法对分析进行压力测试。请注意，这些方法并不要求你精通数据科学或分析。事实上，想要成为严厉的数据审问者和高效的定量直觉领导者，必须从分析的细节中抽身，用你的直觉将数据置于适当的背景中。

第 5 章　数据情景化，成为严厉的数据审问者

本章要点

- 数据的好坏取决于你问的问题。

- 问问自己，你是否有正确的数据和正确的指标来做出决策？收集到的数据无法回答哪些 IWIK 问题？

- 警惕平均值。问问自己，哪些是与分析相关的数据切片？

- 问问自己关于数据缺失的问题：你没有看到哪些数据？它们与你看到的数据相似吗？

- 通过绘制数据图以获得直觉，这应该是你进行数据分析的第一步。数据图有没有揭示什么问题？通过提出一系列问题来评估数据的可靠性：收集了哪些数据？指标是如何计算的？数据是何时何地收集的？比较结果合理吗？

- 将数据置于背景中，从数据本身、历史、相对于竞争对手和可比数据的角度来全面审视数据。

- 对分析进行压力测试，只着眼于既不确定又可能对决策产生影响的数据。通过 0、1 和无穷大来快速评估数据，看看是否能揭示分析或模型的什么问题。

DECISIONS

第6章 培养数字直觉，"大致正确"好过"精确错误"

OVER

DECIMALS

> 大致正确好过精确错误。
>
> ——凯恩斯

关于定量直觉方法，我们经常被问到的一个重要问题是直觉是否真的可以习得。显然，你可以学习定量直觉中的定量，但直觉不是要么有要么就没有的东西吗？真的可以习得定量直觉吗？答案是肯定的。在本章中，我们将向你展示如何习得直觉。

我们首先讨论如何抵制对确定性的渴望以及估算有什么好处。然后，我们将演示决策者如何通过近似法来学习数字直觉。我们将介绍如何审视一个数据，并通过相关的可用数据或粗略计算，来相对快速地评估该数据是否可能在实际数据的大致范围内。借助近似值，决策者可以对呈现给他们的数据进行检查，并更好地了解数据背后的驱动因素。养成估算的习惯，将有助于培养直觉。你不是依靠复杂的计算来获得精确的结果，而是培养一种"似乎差不多"的感觉，并建立基于直觉的信任和信心。

在我们的工作中，经常发现决策者受到统计学家和分析师的影响，要求获得普遍的、预定义的高精度数据。当然，有些决策确实需要这样的高精度数据，但也有些并不需要。**定量直觉框架告诉我们，决策（不是数据）应该引导流程。**对于每一个决策，我们都应该问自己："做出这个决策需要多大程度的准确性？"对于许多商业决策，特别是在早期评估是否实施某个项目或想法时，估算完全够用。

近似的力量，危地马拉农家乐的市场规模有多大

内策尔近期观看了一群 MBA 研究生向专家小组演示在危地马拉开设农家乐的创业想法。农家乐是度假场所，客人住在乡下，享受田园风光，体验乡村生活。这种度假方式越来越受欢迎。

学生们的幻灯片充满数据。为了确定其想法的可行性，他们采用自上而下方法，首先测算全球旅游市场的总体规模，然后缩小到中美洲的旅游市场，随后推断出危地马拉的旅游市场规模。以这个数据为基础，他们估计了危地马拉游客中更喜欢农家乐的游客占比。接下来，他们据此计算可能会有多少游客去他们的农家乐，再乘以平均每个家庭在该农家乐的可能花销，计算出他们在危地马拉的农家乐业务预计每年收入 3 200 万美元。

在他们的演示过程中，专家小组询问了上述分析几乎每一个方面的问题。去危地马拉的游客数量类似于哥斯达黎加吗？去哥斯达黎加和危地马拉的游客群体是不是差异很大？你们从哪里得到的农家乐偏好的占比数据？你们的分析包括生态旅游吗？专家小组还提出了许多其他问题。为了寻求确定性和准确性，专家小组几乎对所有数据都提出了疑问。这场 25 分钟的演示令那些学生备受折磨。

坐在房间后面的内策尔对旅游业，特别是中美洲的旅游业，几乎没有任何经验或专业知识。

对于他们的计算和最终的预期收入是高还是低，我几乎没有什么直觉。我不像专家小组那样通过审视每一个数据来力求准确性，而是采取另一种方法。我从最后的每年 3 200 万美元的预期收入开始。我问自己的问题不是这个数据是否准确。事实上，考虑到这是一个至少几年之内都不会启动的项目，我知道这个数据是不准确的。我问自己，这个数据是否处于危地马拉农家乐年收入的大致区间内？如果他们的预期收入是合理的，这将是一笔不错的生意。但这个数据是太小、太大还是差不多？

通过重新表述问题，抛开计算的准确性不谈，把注意力集中于演示中最重要的一个数据，即预期收入，我觉得可以依靠自己的直觉了。我问自己，对于这个数据，我的直觉告诉我什么？然后，我转向一个近似值。

内策尔避免了过度分析。他并不关心所有方面，只关注基本问题。内策尔的 IWIK 问题是："我希望自己知道他们的预期收入是否在一个合理的范围内。"

内策尔即使不太了解旅游业，也知道一些数据。在危地马拉这样的国家，哪怕往高了说，乡村农家乐每间客房的过夜住宿费不应该超过 300 美元，而且他知道这样的农家乐不可能超过 50 间客房。

假设每间客房在一年中有 250 天被占用，在脑海中快速计算一下，可以得出年收入只有 375 万美元，与他们计算出的 3 200 万美元相去甚远。即使估算时大幅度提高住宿费、客房数量或入住率，仍然无法接近他们报告的数字。

使用小学生都会的乘法，内策尔规避了他缺乏旅游业相关经验的缺点，而是用直觉面对眼前的数据。

通过抵制追求确定性的诱惑，通过自问这些数据是否现实，你可以节省时间和精力，专注于问题本身。

学会猜估，像费米一样思考

作为决策者，我们经常发现自己被不同可信度的数据淹没，因此必须采用一阶近似法。使用这种方法并不要求你是数学天才，只需拥有一些数据并进行简单的四则运算。该方法是为了从实际出发对数据进行检查。虽然近似值几乎肯定是不准确的，但近似法简单易行，能够检查出可能的错误，发现可能导致数据过高或过低的不合理假设。

决策者如何获得数字直觉？经验不无裨益，但引用德国著名诗人海涅的话："经验是一所好学校，但学费很贵。"根据我们几十年的经验，我们发现企业决策者可以掌握一些关于公司的重要数据并学会近似法，以此规避经验不足的问题，并补充他们已有的经验。有时，你真正需要的只是"猜估"（guesstimate）。作家 A. A. 贝尔（A. A. Bell）将"猜估"定义为："比猜测好，但不像估计那样准确。"为了进行"猜估"，我们需要一种能够充分利用少量数据的方法。

科学家经常使用一阶近似法对答案进行粗略估计，然后再进行更复杂的分析以获得精确的解。恩里科·费米（Enrico Fermi）设计了一种方法来实现这种粗略估计。费米认为，解决任何复杂问题，都需要使用快捷的简化方法来得出有意义的近似值。费米估计法使我们能够估计看起来很难甚至不可能估计的数字，比如芝加哥有多少钢琴调音师。他的方法是把一个问题分解成更容易估计的子问题或子因素，然后把它们拼凑起来，得到你对数据的粗略估计。虽然科学家比大多数人更懂得如何运用复杂的方法，但他们经常在进行复杂分析之前做出粗略估计。我们也应该学习这种做法。

美籍意大利物理学家恩里科·费米被称为"原子弹的建筑师"，他负责建造了世界上第一座核反应堆，并因此获得了1938年诺贝尔物理学奖。在获得诺贝尔奖后不久，他进入哥伦比亚大学担任教授。除了有可以轻松解决复杂问题的能力之外，他还能在数据很少甚至没有实际数据的情况下做出快速且良好的估算。在原子弹使用的前几年，他就通过一种简化的方法，估算出了原子弹的威力。

决策面面观
DECISIONS OVER DECIMALS

芝加哥钢琴调音师的人数

估计特定城市（比如芝加哥）钢琴调音师人数就是"猜估"的典型案例。面对这个问题，绝大多数人都无从下手。这个数字是几十、几百，还是几千？费米的方法将这个问题分解成更容易估计的子问题，如果知道了这些子问题的答案，就能估计出这个问题的答案。

有几种方法可以做到这一点。首先，可以将问题分解为估计芝加哥一年内可能有多少架钢琴被调音，以及一名钢琴调音师一年内可以给多少架钢琴调音。我们甚至可以进一步细分，估计芝加哥有多少户家庭，这些家庭中有钢琴的比例是多少，以及这些家庭给钢琴调音的频率如何。要估计一名钢琴调音师一年可以给多少架钢琴调音，需要知道一名钢琴调音师一年工作多少天，以及一天可以给多少架钢琴调音（见图6-1）。你可能对这些数据一无所知，但相比芝加哥钢琴调音师人数的问题，你可能对这些子问题有更好的直觉。问题一旦被分解成相对可知的子问题，就更容易处理了。

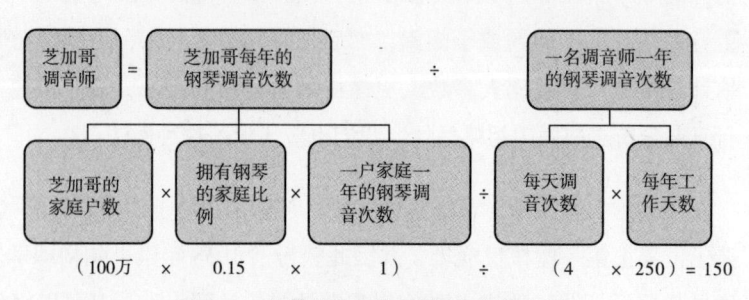

芝加哥调音师 = 芝加哥每年的钢琴调音次数 ÷ 一名调音师一年的钢琴调音次数

芝加哥的家庭户数 × 拥有钢琴的家庭比例 × 一户家庭一年的钢琴调音次数 ÷ 每天调音次数 × 每年工作天数

（100万 × 0.15 × 1）÷（4 × 250）= 150

图6-1 估算芝加哥钢琴调音师的人数

如何在实践中运用近似法

当我们无法精确计算所需的所有数据时,近似计算也是一种很好的方法。例如,假设你正在开发一次性毛巾,用于在妇女分娩后立即包裹婴儿以保持体温。你可能想估计一下美国每天出生的婴儿数量。如果你能把产品卖给每家医院,或者卖给一定数量的医院,估算美国每天出生的婴儿数量可以让你估算出预期收入。那么怎么估算这个数据呢?有些人可能会纯靠猜测,但除非以前接触过类似的数据,否则靠直觉可能不足以让你做出合理的猜测。

按照费米估算方法,你需要把这个问题分解成更容易处理的子问题。分解的方法有多种。你可以估计美国产房的数量和每间产房的分娩数量,但产房的数量可能和美国每天出生的婴儿数量一样难以估计。所以,我们可以从知道的可能相关的数据入手。我们肯定知道一年有 365 天,可能知道美国的人口数量(大约 3.3 亿),假设其中大约一半是女性。我们可能还想猜测普通家庭有多少个孩子。看看你周围的朋友,我们猜测是两个。现在,我们几乎拥有了所有的要素来尝试解决这个问题。你可以估计育龄妇女的数量,并假设在 15～20 年的育龄期间,每名育龄妇女平均生育两个孩子。这可能会让你非常接近合理的估计值。

这里有一些更简单的方法把问题分解成不同的子问题。如果美国每名女性在其 80 岁的平均寿命期间平均生育两个孩子,我们可以估计每天有多少个孩子出生。为此,我们需要知道美国女性的数量、平均寿命,以及每名女性一生中平均会生多少个孩子,然后就是简单的乘除法。

美国女性的数量 = 1.65 亿

每名女性生育的孩子数量 = 2 个

女性平均寿命 = 80 年 × 365 天 / 年 = 29 200 天

每天出生的婴儿数量 =（1.65 亿 × 2）/ 29 200 ≈ 11 300 个

另一种方法是，平均年龄为 78 岁的 3.3 亿美国人必然出生在一年中的某一天。这种方法的计算结果如下。

美国人口数量 = 3.3 亿

他们的寿命 = 78 年 × 365 天 / 年 = 28 470 天

每天出生的婴儿数量 = 3.3 亿 / 28 470 ≈ 11 600 个

2020 年美国每天的实际出生人数是 9 877 人，这两个估计值都与之非常接近。事实上，它们都比 9 877 大 15% 左右。这个差距完全没问题。请记住我们为什么估算这个数据。我们不是在寻找确切的数字，只是在寻找大致的估计值。我们可以稍后进行调查或向卫生部门询问确切的数字。顺便说一下，当你读完这句话的时候，又有 3 个婴儿在美国出生，所以你真的需要知道确切的数字吗？

猜估为什么有效

在估计婴儿的出生数量时，我们进行了很多简化，忽略了很多细节。例如，我们没有考虑多年来人口的不均匀分布以及婴儿潮一代，预期寿命的增加，或者女性由于预期寿命更长而在美国总人口中的占比超过 50%。但请记住，我们寻找的是"金发姑娘"[①]，即差不多的估计值，而不是准确的估计值。

---

① "金发姑娘"一词源自童话故事《金发姑娘与三只熊》，故事中金发姑娘选择了小熊的不冷不热的粥、不大不小的床，由此将"金发姑娘"引申为不偏不倚、适中、刚刚好的状态。——编者注

第 6 章 培养数字直觉，"大致正确"好过"精确错误"

在把一个问题分解成更小的问题时，我们忽略细节，只关注主要因素。第一次开始使用这种猜估方法时，忽略这么多细节可能会让人感觉怪异，但当你不断地练习，得出足够接近的近似值时，你将逐渐适应这个过程和不准确性。在追求确定性的过程中，我们忘记了获得准确估计值的成本效益比。如果你此时不需要准确估计值来做出决策，那么进行猜估是最有效和最高效的行动方案。

为什么这种估计方法会有效？其中一个原因是，你对子问题的估计通常比你对最终数据的估计还要准确。此外，你对每个子问题的高估值和低估值往往会相互抵消。例如，在婴儿出生数量的问题中，如果你将预期寿命错误地低估为 70 岁，而将每户家庭的孩子数量高估为 3 个，那么二者几乎可以完全抵消。将未知和不确定的数据分解成你更确定的数据还有另一个好处——有助于培养和相信自己的数字直觉。

在商业环境中，使用费米估计法来评估数据时，你可以根据问题所指示的因素进行调整。例如，如果你认为呈现给你的数字太大，那么在进行估计时，你应该对不确定的数据进行大范围的估计。更大范围的估计将使你看到结果是否有可能接近所提供的数据。同样，如果你认为这个数字太小，估计时就保守一些。你的目标是评估这个数字是否可能，而不是正确与否。如果你是在为自己的公司进行估计，例如估计潜在市场，请诚实对待你的估计。如果你为计算的每一步都选择大范围的估计值，那么错误将会叠加，而不是相互抵消，最终的估计值可能被过度夸大。

如果在猜估的某一个步骤中，需要估计一个你仍然不太了解的数据，请比较上限值和下限值。例如，如果你需要猜估芝加哥的人口数量，虽然不知道是多少，但你恰好知道旧金山和纽约的人口数量，同时你知道芝加哥的人口数量介于二者之间，那么取旧金山和纽约人口数量的平均值，结果可能会非常接近实际数字。

我们已经举办了许多研讨会，让参会者采用猜估方法估计不甚了解的各种数据，例如，每年美国职业棒球联赛期间被吃掉的热狗数量，尼亚加拉瀑布的每秒水量，等等。我们一次又一次地发现，参会者使用这种方法得出的估计值非常接近实际的数字。

习惯使用近似法，避免不必要的"力求精确"

如果在决策中使用猜估方法让你感到不适，这并不奇怪。决策者和企业领导者通常不喜欢粗略的估计和近似值，因为他们担心不够精确。我们从小接受的教育也告诉我们要力求精确，尤其是在数字方面。当明年的预期收入以小数点后3位数的形式呈现在眼前时，我们会感到欣慰——尽管我们知道，从现实的角度来说，或许只能以千或万为单位来预测这些数据。

把近似值置于背景中

定量直觉告诉我们，应该让决策的性质而不是数据的可用性来决定我们的方法。正如前面农家乐的案例所示，并不是所有问题都需要精确的答案，很多问题通常只需要一个近似值。

待定决策的类型将决定你需要的精确度。当美国食品药品监督管理局（FDA）决定批准辉瑞和莫德纳的新冠疫苗时，即便只是批准紧急使用，临床试验的数据也经过了严格的审查、评估和再评估。但是，当风投机构问一家处于融资初期的创业公司在3年内会雇用多少人时，确切的回答，比如237人，不仅听起来很怪异，而且完全没有必要。200人至300人之间的大致估计值会更合适。

在只需要粗略估计的情况下力求精确不仅效率低下，而且风险很大。看似精确的估计可能会给决策者一种错觉，以为他们的决策是基于某些数据。

第6章 培养数字直觉，"大致正确"好过"精确错误"

比如预测明年销售额的电子表格，其中的数据是基于许多假设和多个值相乘，例如预期销量、价格和转化率，而最终的数字通常精确到小数点后几位。这种做法是不合适的。把高度不确定的预测数据作为精确的估计值会令人困惑，更糟的是会产生误导。我们建议将数据的精度与这些数据的确定性相匹配。对明年销售额的预测可能只应该精确到万位。

在我们与企业领导者共事时，经常使用T恤尺码的类比来帮助他们适应猜估方法。服装行业早就认识到，需要将服装尺码的指标与客户对准确性的需求相匹配。当涉及像鞋子或西服衬衫这样的穿着用品时，顾客寻求的是高度精确的合身程度，因此，尺码通常非常精确，不同的尺码间变化幅度很小。但对T恤而言，几个尺码——小号、中号、大号和特大号，通常就够用了。

我们的商业决策也应该采用类似的方法。当被问及完成一项相对复杂的任务需要多少时间时，工程师可能不愿给出准确的估计值，因为现在下结论可能为时尚早，而且存在不准确的风险：预估较短的时间可能会导致错误的预期和无法按期完工带来的压力感，而预估较长的时间则可能会导致拖延时间的愧疚感。将这个问题类比T恤尺码问题，要求工程师将所需时间分为特短、短、中、长或特长，这样可以减轻工程师对预估不准确的恐惧心理。从决策者的角度来看，当决策者询问一个项目需要多长时间时，是想知道工作的优先级顺序。决策者用适当的准确度来表达问题，例如"完成这项任务需要花费几小时、几天还是几周"，将有助于确保你得到需要的答案、做出有效的决策。

在衡量近似值是否恰当时，我们应该考虑数据的背景。**在决策过程的早期阶段，近似估计，或者在承诺投入更多时间和资金之前评估前景特别有助于厘清问题。**近似值也可以作为数据审问阶段的一部分，粗略数据可以帮助识别早期分析中可能存在的问题，正如我们在危地马拉农家乐案例中看到的那样。近似值也可以用于决策过程的后期阶段，以便更好地理解整个业务背后的经济因素。我们鼓励企业领导者定期进行近似估计，培养数字直觉，加强其在经营领域的批判性推理能力和定量直觉。

精通统计学的数据分析师和同事经常谈论置信区间为 95% 或 p 值[1]小于 0.05 的精确估计,这意味着这样的精确估计每 20 次错 1 次。但是应用定量直觉框架,通过决策驱动任务的视角,我们可以认识到,不同的决策有不同的置信度要求,没有统一的标准。

对于许多商业决策来说,比如选择广告的 A 版本而不是 B 版本,每 10 次错 1 次,甚至每 5 次错 1 次都是可以接受的,更不用说每 20 次才错 1 次。但决定是否在佛罗里达州一个异常寒冷(零下 3℃)的夜晚发射"挑战者"号航天飞机,对于这样的决策来说,哪怕每 20 次错 1 次都是不可接受的。希望这个教训是显而易见的:对数据和分析的置信度要求不应该仅仅基于样本量和统计数据,还应该考虑决策的背景和做出错误决策将导致的风险。分析人员或数据科学家不太可能去考虑太多数据背景,这些问题需要商业理解和直觉。

在决定期望的准确度水平时,除了决策的背景,你的经验和直觉也应该起作用。一方面,如果特定分析提供的证据或洞察符合我们之前看到的许多其他证据,我们将倾向于根据这样的洞察采取行动,即使统计置信度相当低。另一方面,如果一项研究显示某冰川的融化速度较慢的单一证据,与多年来显示地球气温升高的研究结果和统计证据相矛盾,那么就需要更高的置信度才能被认为具有说服力。

统计显著性并不意味着管理相关性

你还应该考虑统计显著性和管理相关性之间的区别。两个变量之间的关系可能在统计上显著,但在管理上完全无关;或者相反,即使在统计上不显著,也具有某种深远的管理意义。分析师无数次自豪地来到我们面前,庆祝他们发现了两个变量之间具有统计显著性。但是,在许多情况下,我们不得不泼冷水,对分析师说:"尽管从统计角度看,结果很可能是正确的,但对公司的意义微乎其微;要么是因为这种关系本身无关紧要,要么是因为绝对影响

---

[1] p 值是一种衡量样本数据和总体数据之间差异的统计量。——编者注

力太小，不具有太大意义。"

以客服人员服务水平与客户留存率之间的关系为例。分析师发现，公司呼叫中心客服人员任期与客户留存率之间存在统计显著性，于是得出结论，认为应该更加努力地留住那些经验丰富的客服人员。除了统计显著性之外，我们还发现，客服人员任期每增加一年，客户生命周期就会增加两天。虽然二者的关系可能具有统计显著性，但由于几个原因，它可能与管理无关。首先，客户生命周期增加两天对公司有意义吗？其次，即使客户留存率的提高是显著的，但我们公司客服人员的平均任期只有三个月，我们真的希望将任期增加整整一年吗？我们应该着眼于统计显著性之外的地方，关注我们的发现对企业的效应大小和管理意义。

在定量直觉框架内的每个步骤都使用猜估方法

企业常常掉进追求准确性的"兔子洞"[①]，而忘记衡量追求准确性的成本效益比。如果你不需要准确的估算来做决策，那么猜估是最有效、最高效的行动方案。

我们主张在定量直觉框架的每个步骤都使用猜估方法。可以在此过程的早期阶段使用猜估方法，在收集数据和进行分析之前进行粗略的估计。在审问数据以便对模型进行压力测试或估计预期利润时，也可以使用猜估方法。在数据综合时也可以使用猜估方法，用来质疑呈现给我们的数据。这种方法也有助于培养数字直觉，哪怕是在我们缺乏经验的领域。起初，相信不准确的近似值似乎违背了学校的数学教育规律，但当你开始意识到这种方法的价值时，你不仅会努力培养直觉，还会更加接受近似值和不确定性。**越多使用猜估方法，就越接近定量直觉。**

[①] "兔子洞"源于著名童话《爱丽丝梦游仙境》，主角爱丽丝从兔子洞掉入了一个异境世界，此后"兔子洞"常引申为一种复杂、奇异或未知的状态和情境。——编者注

小数决策　DECISIONS OVER DECIMALS

本章要点

- 首先要确定决策需要的准确度。对于许多决策来说，只需要粗略的近似估计即可。

- 在进行复杂的数据分析之前，先粗略估计一下这个数据是否在大致范围内。

- 估算可以节省时间，有助于理解问题。

- 按照费米估计法进行粗略的估算。

- 把问题分解成更容易估算的子问题或子因素。

- 从你可能知道的事实入手。

- 对于你不知道的数据，记住"金发姑娘"尺度，差不多够用即可。

- 评估可能的范围或可比数据。

- 不要在意细枝末节，你要的是粗略估计。

- 做最坏的打算，但要诚实地进行估计。

DECISIONS

第 7 章　从分析数据到信息综合，
　　　　　从数据到建议和行动

OVER

DECIMALS

综合——将多个部分或元素组合成一个整体。

——《韦氏词典》

有了分析和有用的洞察，现在是时候将分析和洞察转化为行动了。分析结果仅仅是事实或一系列轶事。将洞察转化为行动的关键是将洞察连接起来，将它们置于企业的背景中，并倾注判断和直觉。

将洞察转化为行动，这个过程就是信息综合的过程，这是定量直觉框架的第三个支柱。

信息综合是从分析（主要是定量直觉中的定量）过渡到建议和行动，添加人类判断并将分析置于背景中（定量直觉中的直觉）。

但信息综合往往知易行难。

在本章中，我们将讨论如何实现信息综合，导致许多人做总结而不是进行信息综合的可能障碍，以及如何克服这些障碍。

第 7 章　从分析数据到信息综合，从数据到建议和行动

信息综合有何益处

为了更好地理解信息综合的价值，请考虑以下这个简单的例子。你要求行政助理山姆安排你与约翰逊女士、戴维斯先生和施瓦茨女士的会议。6 小时后，你收到了山姆发来的邮件。

约翰逊女士打来电话，说她无法参加周二下午 3 点的会议，但本周其他时间都有空。戴维斯先生说他不介意把会议改到周三或周四，但不能早于上午 10 点半。施瓦茨女士的助理说，施瓦茨女士要到周三深夜才从伦敦返回。明天的会议室已经被人预定了，但从周四上午 11 点开始可用。您认为会议安排在什么时候合适呢？

现在再考虑一下，如果山姆用完全相同的信息，写了一封内容不同的电子邮件。

我们需要将周二的会议改到周四上午 11 点。约翰逊女士无法在原定时间赶到，戴维斯先生和施瓦茨女士也能参加会议。

很明显，我们希望助理能用第二种方式办事，但要做到这一点，理解这两个场景之间的区别很重要。

第一个场景是典型的信息总结。山姆复述了已知的事实，并以"您认为……"结尾。在第二个场景中，山姆把对信息的总结变成对信息的综合判断。他先说会议需要改到周四上午 11 点，然后只提供必要的信息：所有人都能在那个时间参加会议。在第二个场景中，山姆在他的信息中加入了一些自己的判断，而不是以"您认为……"的方式将球踢回老板，他给出会议应该在什么时候举行的建议。收集信息，将它们与彼此以及背景联系起来，加上一

些判断，这些正是避免简单总结、进行信息综合需要的要素（见图7-1）。

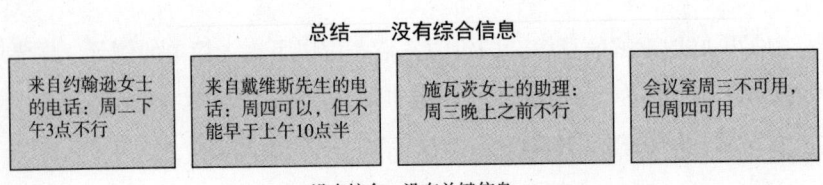

总结——没有综合信息

| 来自约翰逊女士的电话：周二下午3点不行 | 来自戴维斯先生的电话：周四可以，但不能早于上午10点半 | 施瓦茨女士的助理：周三晚上之前不行 | 会议室周三不可用，但周四可用 |

没有综合 = 没有关键信息

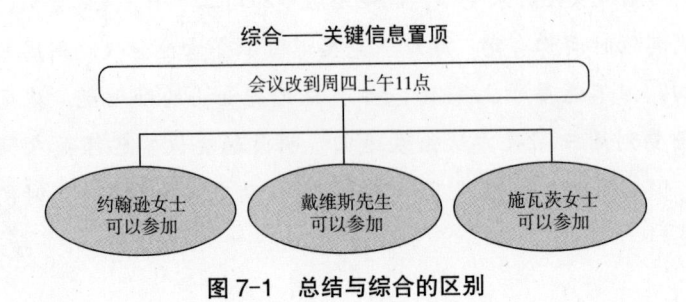

综合——关键信息置顶

会议改到周四上午11点

约翰逊女士可以参加　　戴维斯先生可以参加　　施瓦茨女士可以参加

图 7-1　总结与综合的区别

决策面面观

一家公司的业绩会议

分析师将公司今年与去年的业绩进行对比（见表7-1），会议室里的气氛顿时凝重起来。很明显，该公司的每一项指标都很糟糕。提交结果的分析师提供了他对形势的总结："销售额下降了20%，投诉增加了5万件，未解决的投诉增加了25%。我们的客服人员流动率也提高了15%。"

表 7-1　过去两年的公司业绩

	去年	今年
销售额	1 000万美元	800万美元
呼叫中心投诉量	10万件	15万件
未解决的投诉量占比	20%	45%
客服人员流动率	10%	25%

第 7 章　从分析数据到信息综合，从数据到建议和行动

虽然这些数据很有用，可能有助于揭示该公司的严峻形势，但分析师对这些信息的简单总结并没有什么意义。他只是复述了一些事实，在座的公司领导者自己就能看到这些事实。分析师的话没有任何价值。我们需要的是对这些数据进行综合，以便更好地了解到底发生了什么——对公司的"疾病"进行诊断。幸运的是，一位中层管理者伸出援手，对数据进行了综合。

这位中层管理者说："我不是客户服务团队中的一员，但根据所提供的信息，我认为今年的客户服务水平可能有所下降，原因也许是客服人员流动频繁。客户服务水平下降又可能影响了销售额。"

呼叫中心经理问道："你确定是这个问题导致了销售额的下降吗？"

那位中层管理者回答说："我怎么能确定呢？毕竟，我不像你那样了解呼叫中心的情况，但这是与数据相符的可能解释。"

呼叫中心经理对销售额下降提出了另一种解释："也许这不是呼叫中心客服人员流动性的问题，而是产品本身有一些严重的问题，导致顾客不断打电话抱怨。但呼叫中心客服人员无法解决这些问题，这种无法解决投诉的挫折感又导致许多人离职。"

对于销售额的下降，现在有两种不同的解释。两个人对自己的解释都没有完全的把握，因为他们都必须做出一些假设，并超越数据来验证他们的假设。这是综合的本质，它需要添加一些判断和提供不确定的解释。然而，如果把这两种解释摆在桌面上，就能激发会议室里其他人的灵感。

事实上，对客户电话录音的分析可以很容易地帮助我们确定问题在于客服人员还是产品本身。这些信息的综合引发人们讨论其他可能的信息综合，比如近期产品涨价或者消费者偏好的变化。尽管这些信息综合是不确定的，但一定比分析师最初提供的对信息的简单总结更有帮助。提出解释的两位管理者虽然观点相左，但获得了高层领导的赞赏和尊重，显然他们推动了讨论。

把底线变顶线

信息综合的过程引出了"把底线变顶线"的概念——**先说决策或者分析结论，然后再说那个决策的事实依据**。麦肯锡等咨询公司的顶级顾问通常采用这种方法。

麦肯锡鼓励分析师遵循金字塔原理（Pyramid Principle）。[1] 金字塔原理是指首先采取自下而上的方法来查看信息片段，得出一系列洞察，然后将它们综合为结论或建议。之后，采取自上而下的表达方式，首先说结论或建议，然后列出支持该建议的洞察和信息，并解释你是如何得出这个建议的。

举一个真实案例：为一种新的整体疗法进行细分市场分析。分析师按照传统的方法为客户准备演示文稿，幻灯片标题为"细分市场分析"。幻灯片的主体包括一个表格，其中的列是3个已识别的细分市场（"天然"、"药物"和"整体"），而行表示这些细分市场在几个方面的差异，如人口统计特征、对疾病的态度和对治疗的态度。幻灯片中甚至没有细分市场分析的结论。当有人提醒分析师缺乏结论时，他在幻灯片的底部加上了一句话："最合适的细分市场是'天然'。"

但是，许多这样的分析都缺乏对信息的综合或建议，只是提供了对信息的总结。虽然其他人认为该细分市场分析的总体结论是合理的，但分析师需要重新设计幻灯片，把底线变顶线。有人劝他把这条建议作为幻灯片的标题，例如"我们应该瞄准'天然'细分市场"，然后在幻灯片中解释这个细分市场是什么，它与其他细分市场有何不同，以及它为什么是正确的目标市场。

"把底线变顶线"大有好处。首先，通常人的注意力持续时间很短，也许只能记住当前的书面或口头信息的一小部分。如果把建议作为演示材料的标题，你更有可能抓住人们的注意力，对还有许多其他事情需要考虑的高层领导者来说尤其如此。其次，从建议开始说起，然后说明数据为什么支持你的建议，这会使你的观点和推理过程更具说服力。如果先讲数据和分析，然后再引出结论，那么到你提出结论的时候，听众对你得出结论的过程会有很多疑虑，他们不太可能相信结论本身。当然，如果你通过信息综合得出了错误的结论，那么"把底线变顶线"的方法可能会成为一把双刃剑。

优秀的分析师不仅会通过添加判断和提出建议来进行信息综合，而且还会"把底线变顶线"，用结论来引导对话。

为什么人们在工作中较少做信息综合

尽管我们希望同事像本章开篇第二个场景中的行政助理山姆那样传递信息，但类似于第一个场景的信息表达方式更常见。为什么？如果从接收者的角度来看，信息综合显然更符合人们的期望，但为什么那些传递信息的人却经常罗列数据，而不是直接综合信息给出结论呢？这有几个原因，包括综合信息需要付出的努力，涉及的风险，以及人们想通过罗列数据来展示自己工作有多么努力。

首先，总结比信息综合更简单。总结只需要有条不紊地逐一报告每个数据，就像山姆在第一个场景中做的那样。总结通常是信息综合过程的第一步。信息综合还需要审视各个数据，回答一个困难的问题：这些数据真正意味着什么？此外，在传达信息综合的结论时，还需要确定哪些信息是关键。因此，虽然对信息综合结论的表述通常较短，例如第二个场景中山姆的电子邮件，但这一点也不简单。有句名言是这样说的："如果我有更多的时间，我会写一封更短的信。"许多思想家，包括西塞罗、帕斯卡尔和马克·吐温，都以这样或那样的形式表达了同样的意思。撰写更简短的信息综合结论，并仔细考虑其中应包含哪些要素，这既费时又费力。

其次，信息综合比信息总结的风险更大。信息总结几乎总是符合事实的，只要底层信息正确，总结就是真实的。而信息综合需要注入一些判断，判断则包含了大量的不确定性。例如，在信息综合时，行政助理山姆决定将会议改期到周四上午 11 点，但山姆的老板有可能忘记更新自己的日程安排，在周四上午 11 点的时候无法参加会议。而询问"您认为……"这种做法显然更加安全。

在会议改期的案例中，这个错误可能不会带来很大的风险，但在其他情况下，这种错误的判断可能会付出高昂的代价。例如，在医院里，信息综合可能事关生死。查看诸如生命体征和检查结果等数据，将其与患者的背景和医生的医术相结合以得出诊断，这一过程就是信息综合的过程。正在接受培训的住院医师需要学习如何进行这种信息综合。在急诊室，通常是医学生或初级住院医师开住院单，测量生命体征，做检查，然后向主治医生报告。此时，对医学生或初级住院医师来说，最安全的做法是向主治医生总结检查结果，然后等待主治医生做出诊断。一个经验丰富的主治医生，即使在繁忙和紧张的急诊室环境中，也会转身问医学生或初级住院医师："你认为这个病人得了什么病？"为了降低风险，主治医生甚至会问他们："你已经和病人相处了 20 分钟，比我更了解病人。你认为诊断结果是什么？"当然，主治医生会做出自己的诊断，但他们希望自己的培训生也能做出判断。同样，我们应该期望与我们一起工作的人能够进行信息综合，而不是简单地罗列原始数据。

最后，人们倾向于按照事情的先后顺序来做汇报，或者按照任务的开展顺序来描述他们的工作。第一个场景中的山姆就是按时间顺序汇报关于会议安排的电话结果。信息综合不是按时间顺序，而是将各种信息结合起来得出判断或结论的平行过程，只报告证明该决定合理的相关信息。比较山姆在两个场景中的做法。从第一个场景中的电子邮件可以清楚地看出，山姆花费了大量的时间和精力来安排这次会议。如果山姆进行信息综合，就像在第二个场景中做的那样，他的老板怎么会知道他为了促成这次会议而付出的辛劳呢？为了实现信息综合，需要人们从展示自己多么努力工作的行为中跳出来。

第 7 章 从分析数据到信息综合，从数据到建议和行动

我们应该认识到，实现信息的有效传递并非易事。

鼓励团队成员独立地做出信息综合

信息综合是一项困难的工作，记住这一点很有必要，这需要付出更多的努力，承担更大的风险，并且通常无法直接体现自己的辛劳。为了鼓励团队成员进行信息综合，承担做出个人判断涉及的风险，领导者应该想方设法让他们有信心将自己的判断应用于数据和分析。

例如需要在急诊室里进行信息综合以做出诊断的医学生以及初级住院医师。正如上文所述，主治医生可能会说他们与病人相处的时间比自己更多，以此鼓励他们发表意见。同样，在数据分析方面，当学生或分析师带着数据总结来问我们的看法时，我们通常会这样回答："你已经花了两周的时间研究数据，比我更加了解这些数据。你认为这个分析意味着什么？"向学生或分析师表明相信他们具备从数据总结到信息综合的能力，并鼓励他们大胆去做。我们应该习惯于称赞和表扬那些努力进行信息综合的人。即使给出的结论碰巧是错误的，这样的行为也应该受到表扬，因为这一行为几乎总是会引发讨论。

与数据总结相比，信息综合需要承担更大的风险，这可能是妨碍人们进行信息综合的更大障碍。信息综合需要使用判断并得出假设，而假设或者判断本身都可能出错。对于缺乏经验的职场新人来说，出错的风险往往更高，因为他们可能还不了解相关背景，无法实现合理的信息综合。

有几种方法可以帮助人们建立进行信息综合的信心。首先，企业领导者对错误判断的反应很重要。为了鼓励信息综合，必须营造出原谅错误判断、鼓励承担风险的氛围。例如，通过认识到判断只是做决策的因素之一而不是决策本身，员工更有可能愿意承担信息综合的风险，领导者不应该立即指出

信息综合中的错误，而是应该建议说某一证据可能与信息综合结论不一致，要求员工考虑更多的可能性。我们发现另一个帮助人们做出判断（即使他们没有把握）的有用方法，是让他们对某一特定状况给出至少两种可能的信息综合。这可以让人们卸下必须做对的思想包袱，因为无论如何至少有一种信息综合是错的。

其次，鼓励信息综合的另一种方法是管理者不要太快接受员工的总结。例如山姆在第一个场景中的总结，以"您认为……"作为结尾，有经验的定量直觉管理者会反问助理："你觉得会议应该安排在什么时候？"有些企业甚至制定规章制度，制止员工以提出问题来结束他们的陈述或分析，从而鼓励其做出判断和提出建议。例如，有几家公司要求员工不仅要报告问题，还要在报告问题的同时报告可能的解决方案。

最后，"画廊漫步"是一种更正式的信息综合方法。这种方法把分析生成的表格挂在墙上，就好像它们是艺术画廊里的艺术品一样。然后，你邀请分析师和中高层领导者在房间里走来走去查看这些挂着的表格，如同在艺术画廊里欣赏画作一样，并在便利贴上写下他们对每个"展品"的看法、结论和疑问。你甚至可以向不同部门的人提供不同颜色的便利贴，以便知道评论来自哪个部门。通过这一步获得的主要是对信息的总结，但人们在看过一些表格后，也有可能会对多张表格的信息综合发表评论。

下一步是实现信息综合的关键。在这个阶段，你把表格和相应的便利贴从墙上取下，铺在桌子上，让团队成员综合这些信息。所有这些信息总体上对公司意味着什么？这是比较正式的线下版"画廊漫步"。线上版"画廊漫步"将数据和分析发送给团队成员，要求他们在开会之前提出他们对数据和分析的评论或想法。之后的线下版"画廊漫步"会在会议中讨论评论并进行信息综合。

从"什么"到"该怎么办"

我们都参加过没完没了的分析讨论会，团队的不同成员不断质疑数据的完整性和分析的准确性。这些会议结束后通常还会有更多的会议，试图解决之前会议中提出的问题，但这又可能会产生更多的问题。这个过程看起来像无限循环的审讯，而且无法产生任何决策。

信息综合涉及从分析（主要告诉我们数据点是什么，可能的洞察是什么）过渡到一个问题："这意味着什么？"如果没有这个重要的问题，哪怕是最具洞察力的分析也没有可操作性。我们应该鼓励团队不要止步于分析所说的阶段，激励他们也思考这对他们或公司意味着什么。更进一步是，从"这意味着什么"过渡到"我们该怎么办"。这一步类似于医生从疾病的诊断过渡到可能的治疗方案。虽然我们可以并且应该鼓励分析师或经验不足的员工进行信息综合并思考分析的含义，但决定我们接下来应该做什么的通常是中高层领导者的工作（除非任务相当琐碎或重复）。

为确保我们不会止步于洞察的层面，我们经常在会议结束前15分钟设置闹钟。当闹钟响起时，我们会说："在过去的45分钟里，我们已经讨论了数据和分析。我们在很多事情上有分歧，分析师稍后会对会议上提出的疑问和评论给出一些回答。现在把我们的疑问和希望看到更多数据的愿望放在一边，我们将在此次会议的最后15分钟讨论这些分析对我们意味着什么，以及我们该怎么办。"

这次会议的核心有助于把讨论的重点放在决策上，这也是我们召开会议的初衷。它将人们从不断审查数据和追求准确性的需求（这个过程可能需要很长时间）中解放出来。正如本书前面所讨论的那样，准确性是个神话。我们需要使用有限的数据做出决策，而信息综合是从分析到决策的关键一步。

本章要点

- 进行信息综合，不要简单总结数据。

- 把底线变顶线。使用金字塔原理，自下而上地进行信息综合；从洞察过渡到结论，然后自上而下地进行表述；从结论说起，并用必要的分析来支撑结论。

- 为了鼓励信息综合，领导者应营造出鼓励做出判断和承担风险的安全氛围。

- 采取"画廊漫步"的方法，或者在会议开始前发布分析报告，鼓励大家进行信息综合。

- 限制讨论数据和分析"这是什么"的时间，留出时间来讨论"这意味着什么"和"我们该怎么办"，使每次会议的成果都具有可操作性。

DECISIONS OVER DECIMALS

第三部分

做出决策，交付决策，打造定量直觉组织

DECISIONS

第 8 章   决策时刻，3 个
不得不考虑的维度

OVER

DECIMALS

小数决策 DECISIONS OVER DECIMALS

每一个复杂的问题都有一个清晰、简单和错误的答案。

——H. L. 门肯（H. L. Mencken）

如何从优柔寡断到决断？决策实际上是如何做出的？做出决策的瞬间发生了什么？是什么促使决策者做出最终的决策？

大多数决策都取决于信息和直觉的结合。**信息和直觉的协同是定量直觉的核心。**定量直觉增强我们的直觉（就像马尼奥内对那家硅谷创业公司的质疑），并帮助我们了解是否有足够的信息来做出决策。

第 2 章至第 7 章介绍了用于探究问题或表示数据的定量直觉工具：精确提问、IWIK 方法、逆向工作法、审问数据、利用猜估来培养数字直觉、将洞察综合成结论。现在我们准备讨论决策时刻。

在本章中，我们聚焦于决策时刻，解构塑造和影响这一时刻的主要因素：时间、风险、信任和决策过程本身的惯性。

我们将在每一个维度上展开讨论，以提高你对这些因素的认识，使你能够了解压力、过程和必要的调查范围，以及是否需要更多信息。

决策时刻本身应该建立在定量直觉的基础上，而不是迫于时间、疲劳或惯性的压力，我们在商业环境中经常屈服于这些压力。

标志决策时刻到来的 3 个维度

我们如果解构决策过程，会得到一个类似于图 8-1 所示的过程，首先是问题定义或问题陈述，通过进一步思考发现数据，其次是讨论和综合，最后是做出决策。当然，这个过程不是单向的：问题定义、讨论和综合通常涉及数据发现的迭代循环。在这个循环中，问题可以被重新定义，从讨论和 IWIK 方法中获得新的洞察。

图 8-1　决策过程

时间到了，讨论自然就会结束，因为利益相关者要求做出决策。这一时刻通常发生在最后期限到来的时候、讨论久拖不决的时候，或者大家对数据和分析没有提出更多要求且决策者觉得已经有足够信息来做出决策的时候。

在任何情况下，当做出决策的个人或团队有意识或潜意识地权衡 3 个维度时，决策时刻就来临了。这 3 个维度是时间、风险和信任。让我们仔细探讨每一个维度。

前两个维度：时间和风险

先从时间和风险说起。我们将这两个维度分别作为横轴（时间）和纵轴（风险），分隔出 4 个象限以表示 4 种典型的操作模式（见图 8-2）。这些象限为理解这 4 种操作模式的本质和缺陷提供了一个框架。稍后，我们将分层提出 IWIK 问题，并使用决策时刻模型来组织要分析的问题和要忽略的问题。

时间是一个简单的变量，通常由利益相关者定义。时间是否紧迫，迫使我们迅速做出决策，或者时间还很充裕？期限是固定的吗，我们是否可以在必要时改期或延时？较短的期限不仅会限制数据发现、IWIK 方法使用范围，也可能给讨论带来限制：委员会是否有足够的时间开会？我们可不可以讨论所有值得注意的细节，以及进行与数据模式一致的信息综合？较长的期限看似更有利，但机会成本更高，投入的时间和资源也将更多。

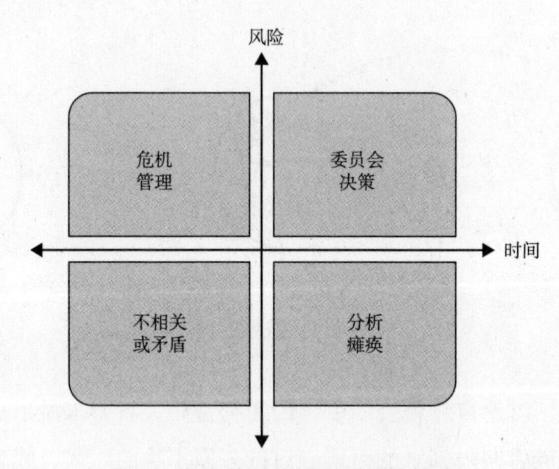

图 8-2　决策时刻模型和操作模式

风险可以通过两种方式加以评估：一是对待解决的已定义问题或要做出的决策相关的情境风险的评估，二是对企业或个人风险的评估。它们可能对声誉或品牌等因素产生更广泛的影响。

第 8 章　决策时刻，3 个不得不考虑的维度

让我们逐一讨论每个象限，探索每个象限对决策时刻构成的不同挑战。在每个象限中，我们还提供了定量直觉帮助你克服挑战的方法。

在左下角象限中，你必须快速做出决策，但不会面临太多风险。这些很可能是系统 1 决策（见第 1 章）。这里的危险在于，因为影响不大且时间短促而低估了风险，比如快速决定午餐是喝汤还是吃沙拉并不会带来太大的风险，就算选错了也不会引发灾难。但是当同事或领导想要暂时借用你的资源时，你可能会认为这个要求很简单，然后发现并非如此。这个"暂时"很容易变成遥遥无期，影响到对你很重要的项目。这个象限中的决策可能看似简单，但也可能代价高昂。

右下角象限具有风险低和时间充裕、灵活的特点，可能导致不利于决策的分析瘫痪，即过度分析替代方案的利弊，从而陷入重复的循环，以至无法做出决策。分析瘫痪不仅令人沮丧，而且如果错过机会，每过一天就都要付出高昂的代价。经济学家称之为机会成本：失去本应通过替代方案获得的潜在收益。与这种心态相反的是硅谷投资者的"行动至上"信条。采用逆向决策法，从待定的决策开始，认识到风险低和时间充裕的特点，这可以帮助你发现风险和不恰当的时间安排，防止陷入分析瘫痪。

右上角象限是委员会决策，具有风险高和时间充裕、灵活的特点。在多人共同做决策的情况下——企业、政府甚至家庭，利益相关者越多，意见越不统一。为什么？因为我们其实都是游说者，而且对某个方向抱持坚定信念的利益相关者可能会突然改变初衷，开始权衡多种替代方案。各种方案的排列组合非常奇妙，就像埃舍尔画作中繁复无比的几何图形一样。委员会的讨论陷入深渊，有可能在毫无作用的悲惨循环中不可自拔。这个象限的决策非常复杂且耗时良久，因此你应该仔细考虑哪些决策真正属于这个"昂贵"的象限。问问你自己，是否可以将决策分解成不需要太多时间和（或）风险更低的子决策？这就是定量直觉的用武之地。我们在前面介绍的精确提问、IWIK 方法和逆向工作法都有助于将较大的决策或问题分解为较小的决策或问题。

左上角象限是危机管理，特点是风险高、时间短。危机管理专家通过一系列步骤来评估事件或新问题的风险和影响：分析突发事件，制订行动计划，然后建立主动、开放的反馈循环，与各方保持沟通。军队、急诊室、控制塔、消防员和急救人员就是采用这个顺序。但是，危机管理专家究竟如何决定要制订什么计划和采取什么行动呢？他们最初是如何定义危机事件的？

能有效、自信地应对危机的专业人士，他们的"剧本"源于多年的实践经验和该领域佼佼者的最新、最佳做法。每个人都清楚他们在战场上、急诊室里或作为第一反应者的角色。他们每个人都积极训练，努力提升自己。他们的团队通常是跨职能团队，每个成员都清楚自己的角色，不断演练计划中的场景，完善应对意外的快速替代方案。这种决策模式需要经验和智慧，以便在短时间内进行信息综合并做出决策。这可能就是运用定量直觉技能的最明显例证。

这种协调性在橄榄球场上得到了充分的体现。四分卫走上线，在开球前发出口令（一种备选战术）。观看比赛的球迷成百上千，但只有四分卫和那些眼光独到的人才能知道发出那个口令的原因。进攻组的其他成员不会停下来讨论他们每个人在备选战术中需要做些什么，他们已然被训练成一支协同配合的高效团队。

我们往往做出错误的决策，而且容易受到偏差的影响，其中一个原因在于我们没有考虑到所有的相关变量，从而忽略了重要的因素。我们缺乏一个决策框架，因此无法迅速考虑到可能的重要潜在因素。那种训练有素、协调一致的团队合作应该成为企业、政府和其他大型团体做决策的榜样。

我们已经讨论了决策时刻的时间和风险维度，但为了了解团队如何有效工作，在极端情况下做到临危不乱，我们将介绍第三个维度——信任。信任需要直觉，对定量直觉决策者来说，这是一个关键因素。

第三个维度：信任

风险和时间通常是已知的，或者是可以确定的，但决策者通常会引入第三个维度——信任。从根本上来说，决策者有多相信这些信息？回答这个问题涉及两种形式的信任：一种是对数据本身的信任，另一种是对数据提供者的信任。例如，数据是否来自值得信任的来源？数据提供者是否曾经对数据进行过卓有成效的信息综合，或者他们是否只是提供原始数据？有两种方法来衡量对数据提供者和数据本身的信任，一是通过我们在第 5 章中提出的一系列问题对数据进行正式评估，二是对数据质量和准确性的潜意识判断。

信任与时间和风险的三角关系（见图 8-3）在危机情况下最为明显。危机可以被定义为"必须做出重要决策的极度困难时期"。急救人员和战场上的士兵对迫在眉睫的风险和可用的时间有着敏锐的认识，但他们也要根据信任度来权衡每一个决定。他们的直觉根植于类似状况的经验、积极的训练以及对各种场景如何发展演变的了解。面对危机时，这些经验是判断的基础，他们将经验纳入数据，进行新的信息综合，然后立即采取行动。我们能否向那些在危机时刻表现出色的人学习，从而转危为安？

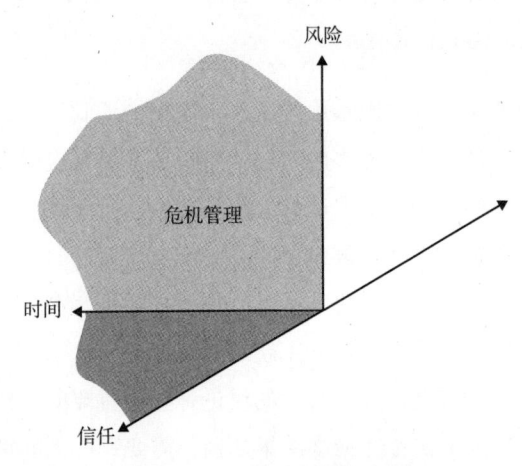

图 8-3 3 个维度和危机管理

正如第 6 章所述，直觉是可以培养的，前面章节介绍的工具可以帮助弥补商业敏锐度和经验的不足。但是，在决策时刻，我们如何权衡这 3 个维度呢？我们可以用哪些指标来加强作为个人和团队的一致性和协同性呢？

使用定量技能和直觉来平衡 3 个维度

在时间、风险和信任这 3 个维度上，设置一些规范和限制是可以的，也是值得的，但决策过程并非一成不变，而是适时变化的，需要使用定量技能和直觉来平衡这 3 个维度，与业务目标保持一致。

分配时间

时间——无论是充裕还是紧迫，都可能成为决策时刻最令人备感压力和沮丧的维度。考虑到每个决策的情况各有不同，我们如何分配时间呢？在急诊室，在 NASA，在机场控制塔，或者在足球场上，每一个训练有素的专业人员都在严格规定的精确时间内行动。他们的生理时钟和心理时钟高度同步，倒数计时对他们来说是家常便饭。

而大多数商业决策的时限是不同的，我们很少遇到需要在数秒内做出决策和找到最终答案的情况。更多的时候，时限要么是暂定的，要么是可延长的。但是，即使商业决策不要求达到火箭发射般的时间精度，我们也应该设置有效的时限。我们可以为决策或子决策分配商议好的时间。我们应该将时间度量单位的精度与图 8-2 中的决策时刻模型相匹配。在某些情况下，我们只需要以粗略的时间精度来评估是否需要在几小时、几天或几周内做出决策。提前与利益相关者进行这种关于时间的讨论是至关重要的。什么时候需要做这个决策？评审周期多长？在最终决策之前，需要哪些人的审查和批准？实际有多少时间可用于解决问题？

角色也很重要，项目负责人必须设定基调和时间节奏，掌握并推动决策序列中的所有步骤。具备适当的项目管理技巧可以确保决策过程在几天或几周内取得进展，而不是遥遥无期。

项目负责人的责任不应该与实际做出决策的利益相关者的责任相混淆，项目负责人只是推动这个过程以符合时间要求。我们可以从法国烹饪技巧"mise en place"（各就各位）中汲取灵感。这种在烹饪之前组织和安排好食材的概念可以应用于决策过程，在决策会议之前收集信息和安排预审，便于利益相关者（如厨师）拥有一切可用的资源来做出决策。

作为决策过程的一部分，我们应该拥有一个跨职能团队，确保团队成员抽出时间倾听不同的声音，使他们有机会引入自己的标准，他们分享的多维度观点可以使决策避免盲点。综合多种观点和不同视角的做法对决策大有裨益。

决策面面观
DECISIONS OVER DECIMALS

晚餐和多样性是创意的温床

在启动新的业务时，马尼奥内组建了一支跨职能团队，他们一起工作了近两年，为网格计算进行客户试点。该团队的成员来自IBM的技术服务、应用程序开发、管理咨询和高级研究等部门。该团队成员的组合特意涵盖了不同的部门和资历，以便捕捉新想法，并将之与实际经验相结合。每季度的会议在纽约、奥斯汀、东京和几座欧洲城市之间轮流举行，以向客户提供见解、培训当地团队、集体讨论各种问题。大家一边吃晚餐，一边畅谈，碰撞出创意的火花。在法国的一次大型会议上，来自应用程序开发部门的团队成员提到了一个"很酷"但不易实现的产品功能。来自高级研究部门的凯特说："我可以实现，很容易就可以把它融入产品中。"会议的气氛顿时热烈起来。来自技术服务和管理咨询部门的成员都表示，他们的客户希望拥有这个功能，但认为这是不可能实现的。凯特耸耸肩说："这并不难，我可以教你。" IBM 营销主管马特环顾四周，说："参加这个会真是太值了，我们一定要大力推广。它展示了令人难以置信的商业价值。我非常期待还有这样的会议。"

衡量风险

在决策时刻，风险是一个至关重要的因素，但由于各种情况千差万别，单一的衡量标准无法适用于所有的情况。风险也可以设置界限，但这些界限差别很大。

即便如此，我们仍然要尝试引入风险衡量标准。阿普加评分（Apgar score）就是一个不充分但非常有用的衡量标准。1952 年，哥伦比亚大学内外科医学院麻醉学教授弗吉尼亚·阿普加（Virginia Apgar）在长老会医院的食堂吃早餐，当时她是该院产科麻醉主任。一位好奇的医学生问她评估新生儿健康状况的最佳方法是什么。

阿普加拿出一张纸，仿佛出于本能地写下了她认为在婴儿出生后几分钟内判断其健康状况的 5 个重要指标：外表、脉搏、肌肉张力、反应能力和呼吸。

对这位学生来说，这些要点似乎过于简单，尤其是阿普加显得如此轻松，太过自然。但她之所以能做到这一点，是基于治疗新生儿的多年经验，以及她对新生儿健康指标的深刻了解。

在接下来的几年里，阿普加评分很快就被人们熟知，作为医疗常规检查的一个重要部分引入美国各地的产房和病房，后来又被其他各国医院采用。阿普加评分有 5 个指标，每个指标的评分范围为 0~2。0~10 的累积评分揭示了婴儿在出生后 1 分钟、5 分钟和 10 分钟的健康状况，评分低于 6 表明需要给予额外的关注或干预。

作为一种评分系统，阿普加评分在很多方面都是不充分的——它不能衡量许多重要的新生儿问题，而且在"正常"范围内的评分实际上并不能保证婴儿的生存或健康，但这种方法的效果非常好。阿普加评分显著降低了婴儿的死亡率，挽救了生命，它靠的不是准确或预测性的指标，而是促使医护人员在 5 个方面对每个婴儿进行快速风险评估的指标。

如今，阿普加评分仍然被世界各地的医院广泛使用，尽管因为过于简单而招致了一些批评，但也正是因为简单易行而受到了广泛的赞扬。这是一项非常简单的检查，即使是在产房的紧张气氛中，也能非常快速、轻松地完成。

当然，阿普加评分并不是评估每一个新生儿健康状况的最佳模型，尤其是其所有变量的权重都相等。但它是一种方便易行的基础测试，可以确保医护人员在进行初步评估时考虑到最重要的变量，不会因为分心而忽视一些东西。从阿普加评分中我们可以知道，一个完整的、允许密切观察和测量的系统本身就能带来好处。

你可以采用类似的方法来确定适合公司的风险评估。在销售中广泛采用的风险和就绪度评估是 IBM 在 20 世纪 60 年代提出的 BANT 模型，用于快速识别高质量的潜在客户，建立定性框架。BANT 是 Budget（预算）、Authority（权限）、Need（需求）和 Timeline（时间线）的首字母缩写。

- 预算：潜在客户是否为产品或项目分配了必要的预算？

- 权限：你接触的潜在客户是否有权做出购买决定？如果没有，他是否有明确的途径可以接触到有权做出购买决定的人，而且后者重视他的看法？

- 需求：你正在解决哪些业务问题？你的产品或服务能满足客户需求吗？你是否提供了比竞争对手更好的方案？

- **时间线**：潜在客户什么时候准备执行合同？为了符合时间要求，你需要做些什么？

上述几点大多不涉及明显的数值，而是反映公司对业务的某种态势感知。公司领导者必须确定可接受的触发点和阈值。这反映了公司对产品和销售成本（为追求和赢得交易而投入的资源成本）或者对整个业务的总体风险偏好。对于时间、风险和信任这3个维度的评估，IBM的BANT框架就是一个很好的例子。

营销自动化软件公司HubSpot提出的GPCT[①]是BANT的现代版本。采用以客户为中心的方法来了解客户的需求，以及他们在选择产品或解决方案时寻求的商业价值。为了完成业务交易，在与客户讨论GPCT之后是预算和权限说明。GPCT同样将定量观点与团队成员的直觉相结合，用以确定与客户互动的未来方向。

决策面面观

微软Xbox竞品分析

2001年11月15日，微软推出Xbox，与索尼的PlayStation 2和任天堂的GameCube展开竞争。微软在个人电脑市场占据强势地位，但该公司也在冒险：游戏业务会成功吗，尤其是在一个强者林立的市场里？

索尼于1995年在全球推出了初代PlayStation游戏机，销量达到1亿台。任天堂在1983年推出的任天堂娱乐系统初代NES售出了6 100万台，1990年上市的超级NES到1993年为止售出了4 100万台。

---

① GPCT是Goal（目标）、Plan（计划）、Challenge（挑战）和Timeline（时间线）的首字母缩写。

第 8 章 决策时刻，3 个不得不考虑的维度

每一个竞争对手都拥有几十年的成功经验，在这样的情况下，微软 Xbox 前景不明。不过，有一点很清楚：索尼和任天堂依靠游戏领域积攒的高人气，可能会在个人电脑市场上对微软构成威胁。

使用我们的框架，2001 年时的微软 IWIK 回答可能是：(1) 了解游戏玩家是否会喜欢在个人电脑上而不是在专用硬件设备上运行游戏；(2) 通过向游戏玩家和游戏开发者提供个人电脑选项，让游戏开发者可以借助硬盘存储和传统网络接口（连接显示器、光盘、摄像头和打印机）来营造全新的游戏体验，以此让他们了解微软有什么独特的优势。

使用 IWIK 方法后，微软可以从时间、风险和信任的角度来审视竞品。从时间的角度来看，索尼在 2000 年就已经在全球推出了 PlayStation 2，任天堂在 2001 年第三季度推出了 GameCube。虽然上市时间很紧张，但幸运的是，微软可以在两个内部平台之间做选择。从风险的角度来看，发行 Xbox 的风险很小，因为这是一个需要占领的新市场，同时也可以在个人电脑市场上抵御新的威胁。从信任的角度来看，游戏开发者会为一个新的平台开发游戏吗？消费者会接受微软的游戏主机吗？事后证明，游戏开发者发现 Xbox 颇受欢迎，它拥有新功能，也是一个易操作且值得信赖的平台。消费者不管信不信任微软，都不妨碍他们接受新推出的 Xbox，因为 Xbox 缓解了游戏玩家对微软品牌的许多担忧。

考虑到微软的财力、市场地位和可用于新游戏平台业务的资源，推出 Xbox 无疑是一个显而易见的可行决策，重点是如何提高成功率。

衡量信任

与决策时刻的其他两个维度一样，衡量信任也不是件容易的事。什么标准适合被用来衡量信任？无论对个人还是企业，你都可以对照某种标准，查

看其在过往一段时间内的表现。然而，把过往表现作为加权因素可能并不能帮你预测未来的结果。获得满分10分的体操运动员、罚球线命中率80%的篮球运动员、30%命中率的棒球运动员，他们每个人都把下一次当成一个新的机会。或者，你可以着眼于能力，即个人或团队的技能和努力水平。

最后，信任也可以很简单，就是相信来自同事的可靠性和真实性。正如每一份投资说明书提醒我们的那样，"过去的表现并不能预测未来的结果"，因此我们需要根据具体情况来衡量信任。

考虑到每个商业决策可能都具有唯一性，与其把过往表现作为对信任的衡量标准，不如去了解决策相关者的价值观和决策过程。世界四大会计师事务所之一的德勤咨询公司提出了一个经过深思熟虑的框架，其中包括以下4种主要的"商业化学"人格类型。

- **开拓者**，他们重视可能性，充满激情和想象力，是富有创造力的思考者，相信巨大的风险可以带来伟大的成就。

- **守护者**，他们重视稳定，带来秩序和严谨，是深思熟虑的决策者，可能会固守现状。

- **推动者**，他们重视挑战，动力十足，偏向技术、定量和逻辑分析。

- **整合者**，他们重视联系，心思细腻，能辩证地看待事物，是团队的凝聚者。

作为决策的利益相关者，重要的是要认识到，"商业化学"人格类型或其他类似的决策风格指标并没有好坏之分。当你评估对个人或企业的信任时，认识这些类型将有助于评估他们能否有效地综合信息和提供完善的建议。

决策可逆性，与风险维度密切相关的因素

决策可逆性与风险维度密切相关，当决策者开始确定首选方案时需要考虑以下问题：决策是否可逆？回到原来的基线状态是可以接受甚至可能的吗？逆转决策需要付出多大的代价？这样做的其他影响是什么？

我们在工作中，每天都会看到个人和企业因为害怕决策不可逆而裹足不前，他们甚至并没有考虑久拖不决的决策是否可以逆转。但即使是可逆的决策也会导致一系列问题，例如，逆转决策可能影响声誉或业绩。

亚马逊用"单向门"决策与"双向门"决策来评估决策的可逆性。"单向门"决策不容易逆转，后果不可挽回，需要深思熟虑；"双向门"决策影响有限，可以逐渐演变，更容易逆转。

对于"双向门"决策，我们要问：最坏的情况是什么？这种风险可以接受吗？如果有必要，如何逆转那个决策？

亚马逊提出了以下"快速决策的关键"。

- **认识"双向门"决策**：有些决策是单向的，有些是双向的，"双向门"决策意味着它们是可逆的，你可以迅速纠正错误。

- **不要等待所有的数据**：如果你等到自己知道所有数据，可能就太迟了。大多数决策只需要所有数据中的70%。

- **不同意和服从**：人们可以不同意，但一旦做出了决策，每个人都必须服从。这比试图说服对方更节约时间。

选择"单向门"决策还是"双向门"决策，不仅取决于经济指标，还取决于声誉和信任。事实上，人们更容易对"双向门"决策大力投入，而拒绝那

些投入不那么大的"单向门"决策。

英国维珍集团创始人理查德·布兰森（Richard Branson）曾表示，1984年，在说服波音公司同意如果维珍航空没有按计划运营，一年后波音将收回维珍航空的一架747飞机之后，他才勉强说服维珍唱片公司的商业伙伴同意创建维珍航空公司。虽然投入巨大，但这是一个典型的可逆的"双向门"决策。

> 决策面面观
> DECISIONS OVER DECIMALS

IBM 与电子选举系统公司

在 IBM 工作期间，马尼奥内接到一家电子选举系统公司打来的电话，说希望与 IBM 建立合作关系。鉴于刚刚结束的 2000 年总统选举引发的冲突和政治影响，电子选举系统非常热门。全国选举系统转向全电子化和网络化在技术上是可行的。自动取款机具有很高的安全性，因此电子选举系统也能做到同样安全。毫无疑问，我们完全可以为全国和地区选举打造一个强大的新系统，该系统甚至可以用于股东大会等私人商业选举，从而在非选举年为公司提供额外的收入来源。

马尼奥内首先告诉领导，这家公司打电话表示希望与 IBM 合作。撇开商业潜力不谈，这一合作将具有政治意味。经过几次会谈，我们了解了这家公司的商业潜力和一些需要解决的技术问题。使用我们的决策时刻模型，这个合作提议从商业效益的角度来看显然是可行的。我们有足够的时间来创建新的软硬件捆绑解决方案。我们对这家公司的了解越来越多，看到他们的真诚和能力，产生信任也是水到渠成的事情。然后我们从两个方面看待风险。首先是执行风险：我们能完成这件事吗？答案是"能"，但必须谨慎。我们还考虑了会导致合作失败的商业风险。品牌战略咨询公司 Interbrand 的数据显示，在 2000 年，IBM 是仅次于可口可乐和微软的全球第三大最

第 8 章　决策时刻，3 个不得不考虑的维度

有价值的品牌。我们的高层领导者很清楚，如果一笔商业交易可能危及 IBM 的品牌声誉，那就不值得去做。有趣的是，20 年过去了，经历了 5 次全国选举，电子选举系统仍然是一个有待解决的问题。在这个例子中，"单向门"决策的风险并非明确地来自决策本身，而是来自对品牌声誉的潜在风险。

对可逆决策的渴望可能导致许多无用功，特别是在大型讨论和决策过程中，它可能导致不彻底的行动。决策者常常希望保留任何选项，这种错位的欲望不利于做出决策，或者导致决策过程冗长反复，浪费时间和资源。

对不可逆决策的厌恶还会导致"轮盘赌"，也就是分散赌注，同时追求多个选择。这可能一开始会让人感觉很棒，甚至异常振奋，特别是因为每个人都可以继续参与。但是请不要这么做。多管齐下只会耗尽公司的资源，拖延实际决策的时间。你应该全盘考量，并在必要时纠正路线。

决策面面观

DECISIONS OVER DECIMALS

全素食米其林餐厅

2021 年 5 月，曾在 2017 年被评为全球最佳餐厅的 Eleven Madison Park 宣布将于 6 月重新开门营业。此前，该餐厅因新冠疫情关门闭店了 15 个月。这家米其林三星餐厅以奢华的肉类和海鲜菜肴著称，但重新开业后，菜单上全是素食，原因是其首席执行官兼厨师丹尼尔·哈姆（Daniel Humm）改变了他自己的饮食习惯，减少了肉类消费，并为他的餐厅确立了"目前的食物体系根本不可持续"的理念。

当时，在全世界 136 家米其林三星餐厅中，只有另一家是素食餐厅。Eleven Madison Park 自 2011 年被哈姆收购以来，一直表现出色，从 2012 年到 2020 年连续被评为米其林三星。转向素食的决

策当然是可逆的,但声誉风险很高。各种媒体援引哈姆的话:"我不想撒谎。有时我半夜醒来,思考这会给我们带来多大的风险。"

哈姆的决策处于图 8-2 中右上角象限的委员会决策,风险高,时间充裕。做出这个决策的委员会规模可能很小:只有哈姆和他的投资者。他的这个决策是基于数据还是直觉?数据当然起到了一定的作用。分析可能会显示利润更高,因为食材成本显著降低,而价格与以前大致相同,约为每人 335 美元。

但直觉肯定也起到了作用。哈姆决定,为了保持餐厅的奢华感,价格必须保持不变。毕竟,人们不仅为食物买单,还为整个美食体验买单。哈姆告诉《纽约时报》的记者:"(在疫情期间)我开始明白,我们对奢华的看法必须改变。"

哈姆可能认为这是"单向门"决策,因为这个决策反映了他的个人价值观。然而,考虑到他多年荣获米其林奖的声誉,这可能是"双向门"决策。

模糊性和不确定性,决策时刻的最后考量

我们已经探索了时间、风险、信任和可逆性的维度,现在让我们进入决策时刻的最后考量:模糊性和不确定性。就像不可逆一样,这两点似乎会引起所有人的不适。事实上,优秀决策者的一个特质是对模糊性的宽容和专注于可能决策的能力,而不是哀叹和拒绝数据的模糊性或决策的不确定性。

无法正确决策常见的借口是"我没有数据",或者"数据在公司的某个地方或在供应商的手中,我无法获得"。人们担心:"如果没有正确的数据,我怎么能计算出有意义的东西?"从数据科学的角度来看,有两种选择:从邻近域中寻找更多的数据;或者对数据进行估算,用合理的替代值代替。

第 8 章 决策时刻，3 个不得不考虑的维度

这些替代值是开始克服不确定性的关键点。对于你的开放性问题或者对于一个相关的类别，可能有反映市场趋势的相关信息。这对新产品发布来说是常见的情况。即使你第一个进入某市场，也应该有关于该市场特征的信息。我们可以依靠第 6 章讨论的费米估计法和猜估法来填补信息空白。接下来是即使目前不知道、以后也会知道的已知信息。为了解决未知信息的问题，你必须首先确定自己真正想知道什么，以便缩小不确定的范围。你可以使用 IWIK 方法，为数据发现提供指引，找出缺失的信息。你还可以采用逆向工作法来创建预分组表，帮助你根据绝对必要的数据进行调整，做出决策。通过这几个步骤，你可以围绕不确定性创建一个框架，因为并不是所有的不确定性都需要弥补。领导者将敦促相关人员填充必要信息以揭示下一步合理的行动，然后重复这个过程，使用 IWIK 方法和逆向工作法来弥补不确定性。当你填补信息空白时，宁可寻找模糊但相关的信息，也不要选择精确但不相关的信息。

通过这种方式，在数据分析中对决策进行多方考量，填补待定决策与信任（也就是对数据提供者的信任）之间的空白。此外，数据可能大量涌现，这些数据不仅涵盖多种格式，还可能有不一致的可用性。这正是定量直觉工具包的用武之地：评估情况并使用 IWIK 方法；审视数据、个人和企业，确定是否信任他们，或者至少在置信区间（必须与手头决策需要的确定性程度相匹配）内信任他们；综合信息并将之付诸行动。

决策面面观

DECISIONS OVER DECIMALS

被火山灰掩盖的信息

2010 年 4 月，鲜为人知的冰岛埃亚菲亚德拉火山一度成为全世界的焦点。

冰岛发生一系列小地震后，埃亚菲亚德拉火山于 4 月 14 日爆发，向空中喷出 9 000 米高的火山灰，造成全球航班严重中断。最初，比利时、英国、丹麦、爱尔兰、荷兰和瑞典停飞了所有航班，很快

就有更多国家加入这个行列。4 天之内，80% 的欧洲空中交通网络被关闭，包括 313 座机场，导致全球 680 万乘客滞留。但冰岛凯夫拉维克国际机场在大规模火山喷发近一周后才最终关闭。当局表示，在关闭之前，当地测量站没有探测到空气中存在大量的火山灰。4 月 16 日，德国、奥地利和芬兰的所有国际机场关闭，但同一天上午，爱尔兰领空重新向国内航班开放，向西的跨大西洋航线也恢复了。

各国关闭机场的时间怎么会有如此大的差异？决策是如何做出的？哪些信息是相关的？哪些是可信的？为了最大限度地提高安全性，迅速恢复航运正常，需要做出哪些决策？

当时，伦敦火山灰咨询中心（Volcanic Ash Advisory Centre）向相关民航部门提供火山灰警示信息，但每个受影响的国家都有自己的国家航空部门或民航部门。此外，就在欧盟交通部长同意放宽航班限制之际，国际航空运输协会（International Air Transport Association）批评一些国家重新开放欧洲领空。当然，也有利益冲突在起作用：公共安全和个人安全与商业需求、控制经济损失相对立。

IWIK 方法在这里会非常直截了当和具有揭示性。首先，火山灰云具体在哪里？4 月 17 日，柏林航空公司总裁表示不存在飞行风险，因为评估只是基于伦敦火山灰咨询中心的计算机模拟结果，而这些模拟结果的准确性并没有得到检验。与此同时，在欧洲各地进行的试飞显示，发动机受损情况不一。

这就引出了第二个 IWIK 问题：飞机对空气中颗粒物的容忍度是多少？虽然这似乎是一个显而易见的问题，但在埃亚菲亚德拉火山爆发之前，飞机发动机制造商和航空部门并没有明确可接受的颗粒物风险水平。天空看起来相对晴朗，但仍然可能含有足以损坏飞机的微小颗粒物。

所有各方本可以用准确的数据来评估基本的安全问题，而不准确的天气模型提供的毫无意义的信息本可以被更快地忽略。在过去 10 年中，欧洲相关机构齐心协力，建立了新的天气监测系统。在冰岛，研究人员现在使用名为"大气扩散数字建模环境"（NAME）的火山灰扩散模型。截至 2019 年 3 月，美国一直在开发国家火山预警系统。

这种情况说明了决策的全面失败。不是一个国家而是 20 多个国家的几十个委员会专注于理论模拟的无意义信息，每个委员会都有不同的关注点和风险容忍度，这一切都因普遍缺乏信任或合作而变得更加复杂。最终，沟通、跨学科的科学和组织协为如今的火山安全提供了最大的保障。

从 IWIK 方法到决策

逐步完成定量直觉过程可以加速从开放式可能性到明确决策的过程。处理决策就像玩拼图一样。在这里，我们综合前文讨论的方法，并将它们放在时间、风险和信任的维度上进行考量。定量直觉过程必须指导决策，以便有效地利用资源并避开可预防的死胡同。

在埃亚菲亚德拉火山爆发的案例中，从最基本的问题入手，在时间、风险和信任维度的引导下，IWIK 方法可能揭示了各方在使用不同的信息来源。它还可能揭示了各个国家的运输协会和贸易部长有不同的观点和目标。图 8-4 显示了他们不同的观点和目标在 IWIK 信息矩阵中的分布。除了矩阵中的信息和需求维度外，在进行 IWIK 方法时还应该考虑时间、风险和信任。你可能会发现，有些 IWIK 问题需要几个月的时间才能找到答案，因此在埃亚菲亚德拉火山爆发的案例中，这些 IWIK 问题将被降低优先级。虽然你知道不确定性将永远存在，但就某些 IWIK 问题而言，对数据源的信任程度可能非常低，以至于你无法获得这些 IWIK 问题的可靠答案，因此这些 IWIK 问题同样可能会被降低优先级。此外，回答某些 IWIK 问题可能会有风险。例如，在你寻求 IWIK 问题的答案时，你可能会向竞争对手透露你的发展方向。

待解决的基本问题必须考虑到时间、风险和信任等决策因素。在物理学中，波义耳定律通过压力、体积和温度之间的关系来描述气体的状态。气体的状态会根据这3个变量中任意一个变量的变化而发生改变。同样，决策条件也受到时间、风险和信任的影响。如果任意一个维度发生变化，那么就会对其他两个维度和决策过程产生影响。明确一个或两个维度可以改善决策过程本身。明确所有3个维度将使决策者充满信心。

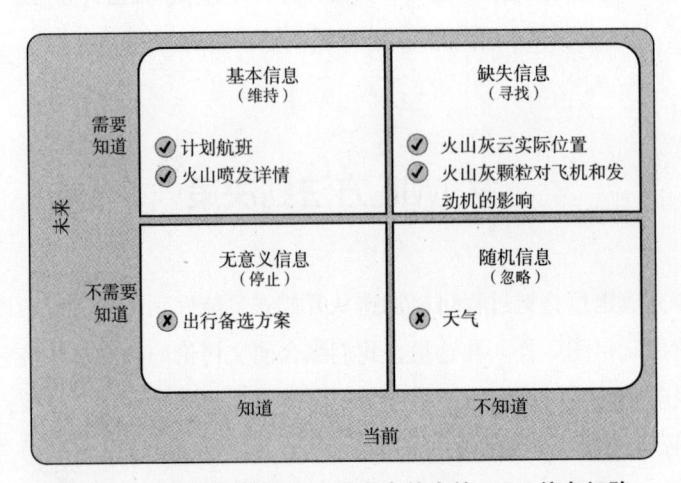

图 8-4 埃亚菲亚德拉火山爆发事件中的 IWIK 信息矩阵

第 8 章 决策时刻，3 个不得不考虑的维度

本章要点

- 首先让利益相关者就目标、时间以及谁必须参与决策的问题达成一致。

- 了解时间、风险和信任因素对待定决策及组织的影响。

- 考虑决策是否可逆，如果不可逆，能否将其变成可逆。

- 如果面对高度的模糊性和不确定性，则从邻近域寻找数据，填补这些空白。

- 关注"大致正确"，而不是"精确错误"。尽可能获得最适宜的数据，即使它并不完美。无论是否有完整的数据，都需要做出好的决策。

- 在获取信息的过程中让众多拥有不同背景的人参与进来。

DECISIONS

第 9 章   交付决策，如何获得
利益相关者的支持

OVER

DECIMALS

小数决策　DECISIONS OVER DECIMALS

> 我在大理石中看见天使，于是我不停雕刻，直至使他自由。
>
> ——米开朗琪罗

通过定量直觉框架的三大支柱——从精确提问和IWIK方法，到逆向工作法和背景分析，再到信息综合，你已经对定量直觉进行了多方考量，应该明白了一个决策形成的过程。

定量直觉的真相可能隐藏得很深，但现在你或者与你一起踏上这段数据驱动旅程的几位同事已经知道了这个"真相"，接下来就是解决最后的障碍——如何吸引其他利益相关者并获得他们的支持。

做出决策可以是一种成就，但是根据决策采取行动才是决策产生价值的关键。决策通常是个人的主意，但往往牵涉到对此决策不甚明了的其他人，并且常常需要所有利益相关者的同意和配合。传达决策以触发利益相关者采用行动，这就是交付决策，如果这一步做得不好，可能会浪费之前所有的努力。

第9章 交付决策，如何获得利益相关者的支持

讲故事，占据中心地位的技能

讲故事与时间本身一样古老，讲故事的习惯不仅超越国家和大陆，而且横跨整个人类历史。人类是为数不多可以通过讲故事来交流的物种。众所周知，蜜蜂会以某种形式向蜂群讲故事，述说蜂群栖息地周围的具体情况，以及如何找到花粉。许多人觉得自己的狗在和他们交流，有些人甚至觉得这种交流是双向的。然而，人类以独特的方式运用叙事和故事模型来传递详细的信息。

故事通常带有时间顺序结构——回顾过去、讲述现在和预测未来，帮助人类向他人分享自己的看法，从可识别的模式中找到意义，并以令人难忘的方式让他人记住自己的重要观点。讲故事的力量是不可低估的，在企业背景下，讲故事的力量同样重要，如同试图哄一个吵闹的孩子睡觉。在穴居时代，我们的信息是原始的，却是生存所必需的，并且帮助我们形成了人类历史上的第一个部落社区。如今，故事使用分层细节、历史视角和多媒体形式来建立情感联系。讲故事超越了娱乐的范畴，使信息易于理解和记忆。

故事模型提供了熟悉的模式，让听者乐于侧耳倾听。约瑟夫·坎贝尔（Joseph Campbell）在《英雄之旅》（The Hero's Journey）[1]中阐述了故事模型的17个步骤，并将其归纳为3个阶段，就像三幕剧一样。①第一幕"启程"定义了前方的旅程。就决策而言，第一幕相当于前面讨论的IWIK方法和问题界定。第二幕被剧作家称为"对抗"或者被坎贝尔称为"启蒙"。在这个阶段，我们探索行动方案，进一步使用审问思维和猜估方法，将数据置于背景中，对假设和细节进行压力测试。第三幕是"回归"，在这个阶段，我们得出结论并使用综合技巧，同时对时间、风险、信任的维度和限制进行多方考量。利益相关者就是在第三幕真正完成决策。

---

① 神话学大师约瑟夫·坎贝尔在《英雄之旅》中亲述了他的生活与工作，该书及《千面英雄》《神话的力量》等著作已由湛庐引进、浙江人民出版社出版。——编者注

讲故事除了需要故事模型，还需要各个阶段的关键角色。关键角色是面对挑战的"英雄"。在商业环境中，"英雄"通常不是你的公司，而是你的客户。最好的广告反映了对客户而不是对产品或服务提供商的关注。当然也有例外，这些例外通常是围绕某些品牌（如苹果或耐克）而形成的群体，广告的基调是对品牌（英雄）的依恋。

一般来说，作为"英雄"的客户会遇到"变革推动者"，后者帮助"英雄"实现转变并完成挑战。"变革推动者"通常是指作为产品或服务提供商的你。在"变革推动者"的帮助下，一旦达到关键点，"英雄"就会越过"终点线"，在这里揭晓"经验教训"、关于"变革推动者"的力量、"英雄"坚持不懈的能力以及实现进一步成功的机会。

是不是看起来很眼熟？大多数的儿童故事以及许多小说和电影都遵循这样的结构：引入、冲突、解决，然后是总结经验教训。不管是对多大年龄的听众讲故事，这个简单的流程都是清晰有效的。

当然，人类交流的现实情况和涉及信息的复杂性会使这种直截了当的结构复杂化。在商业叙事中，一开始就存在需要弥合的差距。我们是否对挑战（也就是待解决的问题）达成了一致？我们能清楚地描述它吗？有数据支持吗？我们为什么要现在解决这个问题？它是否符合我们的公司战略？这对我们的客户和利益相关者来说为什么是优先事项？作为"变革推动者"，我们是否获得了客户的品牌授权？这是不是我们作为"变革推动者"有意选择要解决（投入）的挑战，并围绕该挑战创建一个新的收入来源？

这些问题似乎难以解决，但只要系统地运用 IWIK 方法和逆向工作法等技巧，揭示客户的诉求与我们的服务之间的关系，就可以解决这些问题。利益相关者是否认同你的决策？在这里，讲故事是必须占据中心位置的技能。你建议利益相关者做些什么？你必须综合信息和直觉，提出能让他们信服的理由，否则你的决策将被他们一口拒绝。

采用合适的叙事方式，让决策获得支持

我们往往认为自己很会讲故事。毕竟，我们每天都在构建自己的故事。我们对自己讲故事，回顾刚刚进行的对话或互动。作为自己生活这部纪录片的制作人，我们不断地练习讲故事的技巧，叙事的声音不绝于耳，但这个声音是客观的吗？我们的叙事聚焦于数据、人物、事件、背景中的哪些细节？

叙事的声音往往会放大偏差，因此必须包含和重视客观的观点，在定量和直觉之间取得平衡。依赖数据的人和依赖直觉的人之间的差别就在这里。事实上，我们二者皆是。即使是那些自称不擅长数学的人，也会对数据的含义进行深入思考。反过来，数据科学家可以仅仅基于直觉就能判断某些数据是正确的。无论我们偏向于哪种人，我们对自身叙事能力的自我评价是否与其他人的看法相符？

根据英国广播公司 BBC "未来" 版块（Future）一份关于地理如何影响人类思维方式的报道[2]，当被要求在 "火车、公共汽车、轨道" 等词语表中选择两个相关的词语时，有些人可能会选择 "公共汽车" 和 "火车"，因为它们都是交通工具。而有些人会说 "火车" 和 "轨道"，因为他们关注的是两者之间的功能关系。同样，向不同领域，例如财务、营销、产品开发的领导者询问同一个业务问题时，不同的领导者会给出不同的回答。他们每个人都会从数据中解读出他们想看到的信息。作为一个有效的叙事者，你应该全面了解利益相关者会如何解读你将要讲述的故事，据此推动不同群体之间的合作和共识。

在发表你综合了各种信息、深思熟虑得出的结论之前，你必须对听众有一个很好的了解：他们来自哪里？他们想要什么？此外，你还需要针对可能遇到的不同人物角色做好不同的准备。听众也有一套原型人格供你参考。除 "商业化学" 人格类型（见第 8 章）以外，还有另一些人格类型，我们称之为：数据分析师（或数据科学家）张三；不断要求 "提供更多数据" 的李四；利益相

关者和最终决策者王总；你的支持者、要求满足商业案例中各种确切条件的商业案例迷小强。这些角色中的每一个都可能存在于任何职能部门中——营销、财务、产品开发、销售、运营，但他们的影响力是相当的。他们像守门员一样守护他们的观点，而你的工作就是让他们接受你的观点。

每个人格类型在加速或拖延决策方面都发挥了各自的作用。

- 张三是制作电子表格和分析数据的高手，他必须通过审问你的演示和质疑你的分析，向位高权重的利益相关者、他的老板王总证明自己的价值。无论是否相关，张三总会提出另一种观点和分析。你的目的是防止张三把话题从基本问题转移到你为什么使用这个方法进行分析，而不是使用张三最近从一篇学术文章中学到的其他方法。当你专注于你的故事模型时，你要将张三引向充斥着数据和分析的附录，使其忙于研究数据而无暇他顾。如果你预计与会者中有好几个张三类型的人，你可能需要带上你的数据分析师，他可以在你说服王总接受你的建议时处理张三提出的疑问。同样重要的是，让张三以为他提出的数据疑问是重要的，对数据进行激烈审问是重要的一步。毕竟，张三未必想从你的分析中找到漏洞，他可能只是想在上司面前好好表现一番。站在他的角度，确保他提出的问题看起来不错，但并不会影响到你得出的结论。

- 李四是业务线经理，会不厌其烦地问"为什么"和"给我看细节"。他会不断地问问题，不管这些问题能否推动谈话，直到会议结束，有时甚至在会后依然还会问个不休。为了应付李四，你需要不断强调基本问题的重要性和必要性。强调"这是什么""这意味着什么""我们该怎么办"之间的区别，并将讨论从"这是什么"引向"这意味着什么"，最后引向"我们该怎么办"。为了避免李四反复提出想要看更多数据的要求，你要证明获取更多数据没有意义，并说明即使获得了新数据，也不太可能改变你建议的行动方案。

- 王总的注意力持续时间很短，他的眼睛总离不开他的智能手机。在会议中有一个短暂的时刻，通常是在会议开始不久，你可以得到王总的注意和认可，但如果这个窗口期过去了，你就得跟张三和李四纠缠上一小时。王总是你的关键目标人物。在整个演示过程中，你必须与王总保持眼神交流，尤其是在你讲述执行摘要和其他内容中的主要建议时。试探王总对这些建议的接受程度，必要时直接询问他的意见。我们在前文中建议把"底线变顶线"作为信息综合的一部分，这十分有助于跟王总进行沟通。在你讲解细节的过程中，如果王总游离于讨论之外，请不要灰心，但要确保你在总结主要建议时，通过轻微地提高音量并使用"说回到对公司十分重要的建议"之类的暗示，重新引起王总的注意。

- 小强就像纪律部主任，他希望每个人都是赢家，但前提是商业案例经过全面审查并且超出预期。小强实际上是你的支持者，但他相信凡事得有个过程。当你展示你的分析和建议时，确保要让小强有面子。小强经常帮助你，你们可以成就彼此。

甚至还会有其他的人格类型或者人格类型的组合——假设有五个张三类型的人和两个李四类型的人参加会议，他们都在排着队不断地问问题，而不是听你陈述商业案例。讲故事的人不应该面对他们的审问，而是应该预测每个角色会问什么问题，提前计划好如何回答这些问题；用附录中的适当信息来缓冲他们的问题，让他们去看附录，或者礼貌地告诉他们换个时间再问，让会议重新回到基本问题上，继续聚焦于决策。即使你只是识别会议中的这些人格类型，也能大大帮助你实现沟通目标。你应该练习在不同的话题之间进行非线性的转换，并准备好处理来自不同类型的问题，同时专注于你的目标。

讲故事为何拥有如此之大的魔力？原因有很多，归结为一个简单的事实，那就是人们对含义的理解依赖于事实之外的因素。这是什么意思呢？情绪，甚至特定词语的语调都可能影响人们对含义的理解。以下面的句子为例："**我没有说她偷我的钱。**"考虑一下，你认为这句话想要表达的主要意思是什么？现在，大声地朗读这句话的以下不同版本，着重强调被加黑的字词。

"**我**没有说她偷我的钱。"

"我**没有**说她偷我的钱。"

"我没有**说**她偷我的钱。"

"我没有说**她**偷我的钱。"

"我没有说她**偷**我的钱。"

"我没有说她偷**我的**钱。"

"我没有说她偷我的**钱**。"

显然，每个句子的发音、停顿和被强调的字词不同，想要表达的意思（旨在传达的信息）也是不同的。

在第一句话中，想要表达的意思是讲话人"我"（在这个例子中的"我"）并不是反驳钱被偷的事实，而是想说"我"并不是指控"她"偷钱的那个人。第二句话的意思是，虽然"她"很可能偷了钱，但"我"从来没有说过这件事。在第五句话中，对"偷"的强调暗示对这个字有异议（也许只是借）。而倒数第二句话似乎是想说"她"偷的不是"我的"钱。最后一句话质疑被偷的不是"钱"，也许是其他的东西。

这个例子可能看起来有点简单，但心理学家用这个句子来说明推理的重要性：在做决策时，左脑和右脑之间的相互作用是至关重要的。这个例子很好地体现了定量直觉强调的持续平衡。更重要的是，它说明了叙事方式如何影响甚至彻底改变想要传达的信息。

第 9 章 交付决策，如何获得利益相关者的支持

数据驱动决策的交付过程更现实、更复杂。不同的决策者看着同样的数据，可能会得出不同的结论。有经验的叙事者会强调数据或分析的不同方面，为他们的建议或决策提供支撑。叙事是一把双刃剑，因为它既可以用来支持一个合理的结论，也可以通过强调某些方面来支持一个怀有特殊动机的决策。

图 9-1 描绘了几个世纪以来全球冲突造成的死亡人数。类似于前面例子中强调特定字词的做法，叙事者根据自己想要强调的观点或者自身的乐观或悲观程度，也许会着重讨论过去 600 多年来人均死亡率下降的数据，从而得出结论，认为世界正变得更安全。或者，他们也许会强调 20 世纪冲突频率的增加和每次冲突死亡人数的增加（圆圈增大），认为冲突造成大量死亡的风险升高。然而，另一个叙事者又可能强调线形图中的周期性变化，认为我们有面临另一场大规模冲突的风险。对同一张图的不同看法可能导致截然不同的结论。这些不同的结论可能仅仅是因为不同的叙事者有不同的视角，但更令人警惕的是，叙事者的动机可能会引导他们的关注点。严厉的数据审问者会从更广泛的角度来看待数据，找出可能的替代叙事方式。

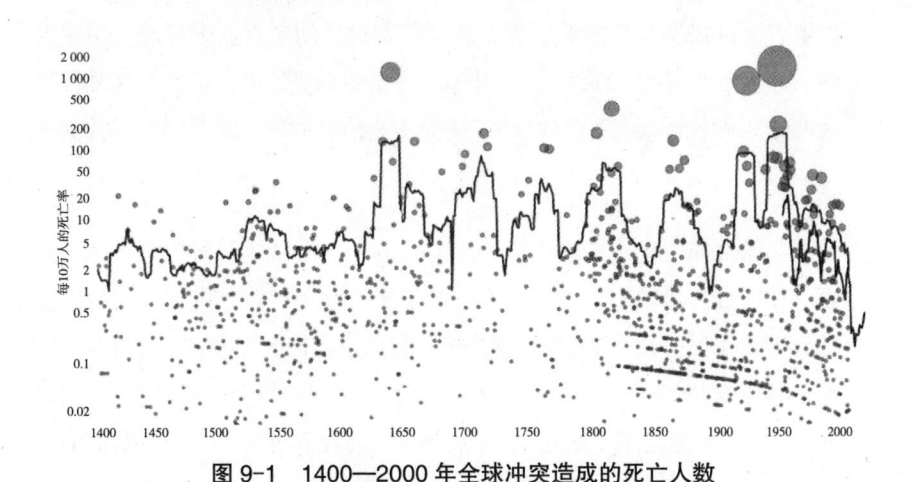

图 9-1　1400—2000 年全球冲突造成的死亡人数

叙事很复杂，我们都被模糊性包围，无论是字词的含义，还是对句子结

构或论点的理解，甚至是对概念范围的认知。人类的交流常常含糊不清，尤其是口语，所以我们每个人都有一种冲动，想要深入解读别人的话语以获得确切的含义，但往往事与愿违。"我们会做正确的事"是一句含糊不清的话，却给人以安慰，透露出最大的善意。"正确的事"是一个广为流传的说法，但从来没有被真正定义过。

此外，所有的听众，包括我们之前谈到的各个角色，都是不同的个体，可能对相同的信息有不同的理解。鉴于一个简单的句子都可以用多种方式来加以解读，因此，信息传达者在为待定决策提供复杂数据时最好简化信息，并思考每个利益相关者会如何理解该信息。假设包括你在内的一群人被要求在心中默念一个花名，你默念的花名是你第一个想到的花，其他人也是如此。现在，你们心中想到的花各不相同，而这些不同的花正是你们叙事的关键点。现在想想团队如何评估电子表格或财务报告。就像"默念一个花名"的任务会产生多个不同的结果一样，在没有人引导的情况下，团队中不同的人对电子表格或财务报告的审视将导致多种观点，耗费精力去处理这些观点将分散团队的注意力。

叙事者可以强调真正的关键点，从而控制讨论的焦点。正如前文中建议的那样，必须把"底线变顶线"，一开始就突出强调决策的价值。在新闻报道中，这被称为"不要隐藏重要的事"，确保主要信息或建议是明确的，并据此推动讨论。

另外，放大那些支持待定决策的细节和例子，可以帮助聚焦要考虑的关键因素。在广告和营销中，关键因素一目了然，但一旦涉及数据，关键因素就不那么明显了。广告商擅长传达明确的信息，迅速突出重要议题和属性，如同那个具体的花名——"玫瑰"，被大声念出来。广告会先展现易于吸收、易于理解、令观众难忘的"亮点"。亮点提供了对比和背景，例如"我们的产品速度比以往提高了50%，价格更便宜，质量更好"。广告中的亮点还经常反映当前的重要议题，例如"本地采购，材料100%可回收"或"我们的使命是到 2030 年使所有的产品都具有环境可持续性"。

在华尔街，我们每个季度都能看到这样的情况：在当季表现出色的公司，会先表明其财务业绩。从数据上看，该公司的进步和成功是显而易见的。而那些业绩不佳或者在实现长期目标方面没有取得什么进展的公司，一开始都会利用叙事来粉饰自己的业绩和境况。例如，在时任董事长彭明盛（Sam Palmisano）的领导下，IBM 承诺将每股收益从 2006 年的 6 美元提高到 2010 年的 10 美元，并在 2015 年翻一番。可靠的进展和关于财务业绩的叙事在华尔街很有吸引力，但这种叙事绕过了它带来的挑战，因为它将资金从人员、产品和未来投资上转移开来。

信息传递的有效性还与事实和数据的使用方式、讲故事时的情绪以及强化故事线的符号有关。罗恩·科罗斯兰德（Ron Crossland）的《语音课》（*Voice Lessons*），以及科罗斯兰德与博伊德·克拉克（Boyd Clarke）合著的《领导者的声音》（*The Leader's Voice*）探讨了关于交流互动和记忆留存的科学方法。在他们的著作中，我们了解到使用事实（强调定量数据分析）、情感（结合直觉分析）和符号的好处。

能引发听众强烈情感反应的故事可能是最有效的，因为它们令人难以忘怀。在叙事中，符号是传递信息的另一个途径。一般来说，符号可以被定义为通过关系、联想、惯例甚至偶然相似性来代表或暗示其他事物的可视化元素。

符号可以非常简单，却能让人产生复杂甚至引发争议的广泛联想。以圆周率的数学符号 π 为例。有些人可能会认为这只是一个数字的视觉表示，这个数字可以四舍五入为 3.141 59，表示圆的周长与直径的比率，但其他人可能不这么认为。很多书都谈到了圆周率的出现象征着人类社会摆脱了黑暗时代，随之而来的是神秘主义与科学之间的冲突。

举几个其他例子。一个简单的狮子形象可能会让人联想到勇气和力量，或者会让你想到某品牌或某公司。其他动物也会引发其他联想，不同的人或不同的文化会产生不同的联想。和平符号会根据时代和观看者的不同而有不同的解释。在过去的50年里，和平符号从代表"和平"演变成代表"反战"，彩色的和平符号则代表"包容"。天平符号可能会让某些人想到买卖农产品，但对世界上大多数人来说，这是最能概括正义或法律概念的符号[1]。

符号简洁却十分强大，因为它们令人难忘和浮想联翩，而且与数字和字母相比，符号能够以更快、更简洁的方式传达信息。只要回想起"9·11"事件20周年纪念活动中，百威的克莱兹代尔马虔诚地拉着一辆空马车，在美国国旗前鞠躬的情景，就会让人感慨万千。克莱兹代尔马成为代表崇敬和尊重的符号，百威希望消费者将这一符号与百威的品牌价值观联系起来。

符号也可以当场创造。展示一件私人物品，比如一支笔，并讲述它作为传家宝的故事，会给人留下深刻印象。理查德·道金斯（Richard Dawkins）[2]在《自私的基因》（Selfish Gene）[3]中创造的meme一词被定义为"某人被复制并传播的思想，这些思想由于互联网的普及在社会意识中迅速传播"。许多经久不衰的网络表情包成为广泛的象征，在网上搜索"一个人不简单"、"分心的男朋友"或"傲慢的威利·旺卡"，就会发现对这些表情包符号的无数解读。

我们很容易被引人入胜的场景左右，所以底层信息必须提供一种平衡的视角。一个极端的案例是被美联储前主席艾伦·格林斯潘（Alan Greenspan）称为"非理性繁荣"的20世纪90年代初互联网泡沫的乐观主义浪潮。在20世纪90年代初，记者会不断重复并夸张地说，某创业公司将在几年内实现"20倍的利润增长"，哪怕该公司尚未推出突破性的产品。早间财经新闻节目的记者会在没有任何明显基本事实支持的情况下，强调某些创业公司的潜力，进而推高其股价。他们的语气中常常夹杂着惊叹，暗示人们来投资这些公司，

---

[1] 天平是历史悠久的计量工具，想了解更多计量工具与单位，请参阅《丈量世界的7种方式》，该书已由湛庐引进、浙江科学技术出版社出版。——编者注

[2] 进化生物学家理查德·道金斯是牛津大学教授，英国皇家科学院院士，有"达尔文的斗牛犬之称"，他的著作《科学的价值》《基因之河》已由湛庐引进，分别由天津科学技术出版社和浙江人民出版社出版。——编者注

第 9 章 交付决策，如何获得利益相关者的支持

这正是利用了投资者"害怕错过"的心理。这是一种危险的叙事方式，但突显了说服和情感共鸣的威力。从荷兰黄金时代（1634—1637）的郁金香热，到 20 世纪 90 年代的互联网泡沫，再到华尔街热潮，这种"繁荣"在历史上不断重演，揭示着人类的本性。

决策面面观
DECISIONS OVER DECIMALS

如何向位高权重的利益相关者讲故事

在 IBM，上司把我叫到房间里，说："关于之前发布的产品，你做得很好，但现在这件事已经过去了。我需要你解决下一个问题——想想怎么用这个东西赚钱。"白板上写了两个字：网格。这是云计算的前身和组成部分。当时，这还是一项未经验证的技术，IBM 想知道是否有基于这项新技术的可行性产品和服务。他说："你做完了告诉我一声。"然后离开了房间。

我有几个月的时间来做这件事。我们组建了一个由产品、实施、运营和销售专家组成的团队，迅速制作了一套初级产品，并调查了早期潜在客户的意向。我们还需要根据现有的能力和基于客户交易类型的预期收益来制作产品模型。

我们与更多的潜在客户交谈，发现了其中的模式，于是修改了咨询意见和系统集成，向下一组客户提供故事线，并快速确定行业用例。

几个月后，我向 5 位利益相关者做演示：4 位代表不同产品和服务线的 IBM 总经理，以及一位营销副总裁。这次会议的目的是寻求大量融资。这几位利益相关者我都认识，但更重要的是，我知道他们的目标，而且我们的团队中有他们手下的员工。

我首先陈述了我们的目标，也就是确定能否围绕这项新技术建立一项切实可行且有利可图的业务。然后我说："我们在 120 天内拜访了 78 位客户，他们来自亚洲、欧洲、北美洲和南美洲。我与他

163

们中的许多人见过面，发现了以下意向和购买模式。"这引起了他们的注意。然后，我针对每个利益相关者各讲了一个例子，强调了客户需求、潜在新业务所解决的问题、该产品如何扩展到他们现有的业务线、客户一字不差的原话，以及该业务的成功将如何投射到整个细分市场。每个例子都引起了利益相关者的注意。他们身体前倾，两眼放光。最后，我从总体上概述了业务的背景，这项业务将如何影响财务预期，如果什么都不做会有什么后果，以及在接下来的6个月里，我们将如何运作，并在明年扩大规模。

在40分钟的会议里，每个利益相关者都投票赞成启动这项新业务，甚至增加了投资。从很多方面来说，这次会议不是必要的，但我知道积极的结果，有意让每个利益相关者手下的重要员工成为我们团队的一员，这样他们就可以直接看到项目的进展并验证我们的建议。会议的目的是得到融资，并让这些才智卓越的利益相关者分享他们的新想法。

促成行动，而非告知情况

在沟通交流时，讨论开始之前就有一个隐含的决定：你是想告知情况还是想促成行动？虽然这看起来很简单，但让利益相关者准备好在下次会议上做出决策，完全不同于向他们报告观点和进展。很多时候，讨论不是为了告知情况或促成行动，而是分成小组讨论，这样做的本意是推动决策，但现实往往事与愿违。开放式讨论有其价值，但在推动决策时，必须有效地管理时间，以满足最后期限并推动决策过程。

向利益相关者告知情况时，需要清楚地传达信息，以加强对方的认识和理解，同时让他们有将在晚些时候投票决定的预期。演示者或项目负责人向利益相关者传达信息，让他们了解最新情况，接受临时修正的反馈，避免在

第 9 章　交付决策，如何获得利益相关者的支持

最终必须做出决策时发生意外。在快节奏的企业中，领导者会说他们只是想在会议中了解哪些方面需要采取行动，并不想花时间进行讨论。然而，继续开展一个项目，这本身就是一种行动，因为它会转化为持续的资源消耗。在情况通报会议上出现的反馈或临时修正是有价值的步骤，要是跳过这些步骤，如果项目在没有领导者提供意见的情况下进展不利或偏离预期路线，则可能会付出高昂的代价。

旨在"促成"的沟通交流是在定量和直觉两个维度上组织起来的，以形成即时的最终决策。这个决策可以是独立的，也可以是更大决策中的一部分。在任何一种情况下，都应该清楚地请求利益相关者投票并支持项目负责人提出的立场。如果安排得当，要求利益相关者投票并不会让他们感到意外。关于投资的决策和讨论通常是最困难的。如果理由不够充分，可能很难说服利益相关者同意进一步投入预算、资源和他们自己的个人时间。大多数企业都确定了投资回报率的标准和门槛，但在现实中，决策时刻本身往往是模糊的，或者要等到申请资金支持的演示完成之后才能确定。在促使利益相关者采取行动之前，常见的疑问很可能是：IWIK 问题解决了吗？建议采取的行动是否可以解决最初定义的基本问题？商业效益是否会带来意外？是否考虑到了重要的后果？决策者能否清楚地知道"这意味着什么"和"我们该怎么办"，以便迅速采取行动？

演示者需要通过决策过程，包括通过临时信息发布会议和要求采取行动的最终会议，来打消所有人的疑虑。要想成功地推动一项决策，你需要深刻了解听众以及他们各自对信息的理解方式。首先，要将你的听众划分为利益相关者、影响者和干扰者；其次，要了解叙事的基本原理，知道如何构建故事模型来促进他们采取行动。

本章要点

- 聚焦利益相关者要解决的基本问题，可以提高决策的成功率。一种有效的方法是为预期目的制作演示文稿。

- 了解你的听众。确定项目的利益相关者，了解他们的期望，以及他们彼此之间的关系。认识到真正的利益相关者和重要的影响者之间的区别。

- 考虑你的分析和见解将如何被解读。确保你的演示包含经过验证的信息和令人难忘的细节，以突显建议的价值和影响。

- 了解当前和长期的问题和敏感因素。利益相关者的态度怎么样？是否发生过变化？现在的问题为什么是优先需要解决的？

- 利用综合信息，讲述一个连贯、引人入胜的故事，提出新的洞察，而不是简单地总结数据。明智地使用数据，不要隐藏重要的事情。

- 明确清晰地提出具有可操作性的建议和要求，从而做出具体决策，获得预期的结果。

DECISIONS

第 10 章　放弃完美主义，敏捷决策的 7 个策略

OVER

DECIMALS

小数决策 DECISIONS OVER DECIMALS

> 人们不会抗拒他们认为最符合自身利益的决策。
>
> ——佚名

你是否经常觉得自己明明已经全力以赴了,却还是无法到达终点?刚开始,你全身心地投入,但一周过后,你筋疲力尽,要处理的事情越来越多。下周的安排已经满满当当,而上周的决策还悬而未决。你感觉自己一直在追逐那个决策。有人说:"做决策更像是一场马拉松,而不是短跑比赛。"坦率地说,这种说法不是很确切。这两种类型的比赛本身都具有挑战性。一个讲究耐力,另一个要求瞬间的爆发力和速度,两者都需要进行艰苦的训练。尽管这两项比赛具有挑战性,但它们都属于跑步运动,而决策并不是单一的跑步运动。

决策更像是铁人三项,涉及多项运动。铁人三项从游泳开始,然后是骑自行车,最后是跑步。游泳放在第一项,因为水会对疲惫的运动员构成最大的威胁——疲惫可能导致溺水。同样,在骑自行车时,疲劳或失误导致的风险比跑步要高得多。观看环法自行车赛或任何竞技自行车比赛,你会看到一群彼此贴得很近的车手作为一个车手群在移动。每名车手都利用前面车手形成的风力来保持体力，任何车手的一个错误都可能导致其他人刹车、晃动甚至倒地。最后是跑步，这项运动需要速度和耐力，保持腿部力量和精神集中，直到越过终点线。

要成为有效的决策者，你需要成为一名铁人三项运动员，为不同的比赛调用不同的能力和资源。决策的发现阶段就像游泳，我们可能会淹死——不是淹死在水里，而是淹死在数据里。分析阶段就像骑自行车，需要精确和协调，与你的团队密切配合，借力而为，提高效率。讨论阶段就像跑步，这是最后一项比赛，你和团队必须与疲惫做斗争，集中精力冲过终点线。

在与多家公司的合作中，我们研究了追逐决策的问题。对 2 100 名专业人士的调查显示，大量数据是有害的，它不能加快决策速度，也不能提高逻辑能力，更不能促成明智的决策。事实上，大量证据表明，数据不是非黑即白的，而是灰色的。灰色源于看不见的东西，比如偏差、风险偏好、历史、利益相关者之间互相冲突的优先考虑事项、问题定义偏差以及期望。我们无法完全通过数据来了解全局，而需要借助洞察和直觉，这两者都与信任有关。

我们见到过以下因素的各种组合：期望高层领导者做出决策、房间里意见太多、人不合适、决策权缺失或不足、多方争夺决策权、在优先考虑事项方面相互冲突、过度寻求许可、待决定的事情缺乏清晰度、对问题的定义不一致、信息不完整、对数据或数据提供者缺乏信任、出现新的分析，以及对变化的抵制。虽然这些都是实际存在的问题，但它们都来自于一个更大的问题，即恐惧。

我们害怕做出不正确、不明智、不完美的决策。我们害怕如果做了不完美的决策，就会影响我们的个人形象、绩效评级、下一个项目甚至工作机会。所以，我们追求完美的决策。这种追求阻碍了快速决策，但我们欺骗自己，做什么都想万无一失。当我们要求更多的数据、更多的分析时，就会被没完没了的会议淹没。我们经常发现自己在原地打转。讨论变成了争论，久拖不决，使我们精疲力竭。因此，我们延长这个过程，以寻找更多数据。我们被误导、犹豫不决，有时甚至无法做出决策。

本章介绍了7个实用的策略来帮助你停止追逐决策（见图10-1）。这部分的内容综合了整本书中讨论的许多方法和技巧，能帮助你更快、更好地做出不同大小、不同类型的有效决策。

在讨论这些策略之前，我们要强调一点：这些策略并不一定要按顺序使用。它们不是瀑布式地顺流而下，而是更像爵士乐，你可以根据自身情况，在这些策略之间随意跳转。你可以先使用策略6，然后跳到策略4，再回到策略7。

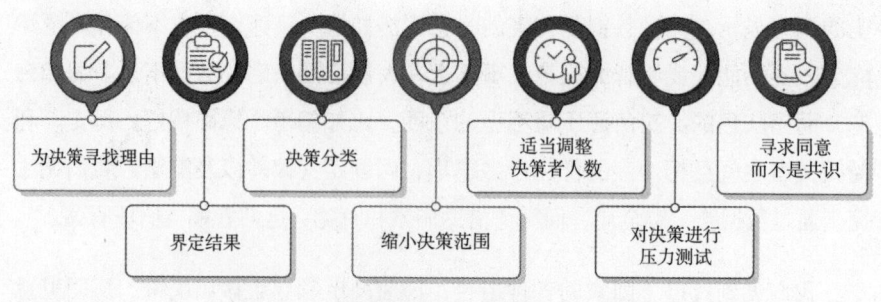

图 10-1　更快更好做出决策的7个策略

为了帮助你充分理解每个策略，我们介绍了其基本原理，通过案例进行说明，并讨论了为何、何时以及如何使用每个策略。

策略1：为决策寻找理由

决策代表着改变——在某个时刻，你需要思考一条不同的路。大多数人不喜欢改变，认识到这一点很重要：企业不会抵制变革，但人会。人的阻力会对决策过程产生很大的影响。因此，你需要为决策寻找理由，引起各个利益相关者的共鸣，引导和克服人们对改变的抵制。[1]

管理学文献提供了一系列广泛的变革模型。在工作和教学中，我们考虑了许多重要模型，包括卢因变革管理模型、贝克哈德和哈里斯模型[2]、麦肯锡7S模型、科特8步法、ADKAR模型、助推理论、布里奇斯转型模型、库伯勒-罗斯变化曲线模型和萨蒂尔变化模型。在为决策寻找理由时，出于自身目的，我们更倾向于贝克哈德和哈里斯模型。该模型由管理顾问戴维·格莱彻（David Gleicher）首创，由理查德·贝克哈德（Richard Beckhard）和鲁本·哈里斯（Reuben T. Harris）进一步改进，使用起来非常简单，很容易扩展到不同规模的企业，适合许多领导风格以及不同大小和类型的决策。

贝克哈德和哈里斯模型考虑了促成改变的4个必要因素：不满、愿景、第一步和阻力。[3]想要克服阻力，前3个因素必须足够强大。让我们对这4个因素逐一加以分析，然后讨论如何通过改变这些因素来改善决策。

不满

对现状不满是决策得以发生的核心，因为不改变所带来的痛苦一定比改变所带来的不确定性要更大。对现状不满的程度包括承认不满、接受现状，再到完全同意、做出改变。至少，我们必须承认改变的必要性。受影响的人必须有动力做出改变。因此，我们需要弄清楚为什么要改变现状。

愿景

我们需要对未来有一个清晰的共同愿景。当做出决策时，愿景创造了一幅理想状态的景象。这是有效决策的核心部分，因为它在情感上引起人们的共鸣。正如第9章所说，情绪对决策的影响比理性和利益大2～3倍。情绪很重要，因为它们不仅影响决策的性质，还影响决策的速度。阐述清晰的愿景应该唤起诸如安全、舒适、渴望、灵感或控制感等情绪。请记住，焦虑是任何决策的自然组成部分，因为改变代表着未知，但如果未来状态的情绪回报是积极的，那么焦虑将是短暂的。

第一步

实现愿景的第一个实际步骤对于很多团队来说似乎是无法实现的，因此需要将其分解为更小的工作流、项目、决策或方案。必须让人们明白那个愿景是可以实现的，更重要的是，让他们了解自己将在实现愿景的过程中扮演什么角色。第一步必须明确且易于参与。

阻力

如前所述，阻力始终是促成改变的一个因素。大多数人不喜欢改变，所以想要做出成功的决策，就必须克服阻力。为了克服阻力，必须了解人们抗拒改变的以下主要原因。

- 害怕未知。

- 对改变的必要性缺乏了解。

- 害怕失去地位、安全、归属或能力。

- 与现状有情感联系。

- 对主张或推动改变的人缺乏信任。

- 对将进行的改变及其影响了解不足。

- 不相信改变会带来更好的状态。

根据这些条件，我们提出了一个变革公式。

$$不满 \times 愿景 \times 第一步 > 阻力$$

公式左边的 3 个因素必须足够强大，才能克服变革的阻力。该不等式不会产生数学运算结果，但可以指引你创建有意义和高效的决策过程。

运用策略 1

在为决策寻找理由，以及在关键时刻重申这个理由时，领导者需要观察决策过程中是否存在变革公式左边这 3 个因素中的任何一个及各个因素的程度。首先进行快速的自我评估，看看你是否在某些因素上用力过猛。你是否专注于诊断现状？你是否花了太多时间让团队对愿景心生向往？你的舒适区是细节还是工作计划？

你同样可以问以下 3 个问题来快速检查你的团队。

1. 是否就必须立即解决这个问题的原因达成了明确的共识？

2. 与现状相比，改变后是否会明显更好？

3. 每个人是否都了解自己的角色和这个变革对自己的影响？

如果上述问题的答案显示不满、愿景和第一步这 3 个因素都不存在，你就很容易纠正路线。请记住，不是只在项目开始的时候才问这些问题，而是应该定期检查。随着进入分析、生产或其他工作流程，人们可能会逐渐忽视愿景，陷入细节当中。经常强调你们为什么正朝着那个愿景努力，这有助于克服可能出现的阻力。

你是否过度强调这 3 个因素中的任何一个？要知道，无论是忽视还是过度强调任何一个因素都是不可取的。我们经常发现，领导者倾向于过度强调某一个因素，而忽略了其他两个因素。这可能无意中受到领导者个人风格、公司文化或环境条件（如危机管理或时间压力）的影响。

过度强调"不满"会发生什么

不管提出的解决方案是什么，领导者、团队或个人如果过于关注令人不满之处，就会深陷现状而不可自拔。这种对问题的强烈关注会导致情绪沮丧、失望或愤世嫉俗，成为决策的阻力。实事求是地看待现状很重要，而过分关注问题就像戴着耳塞和眼罩一样，让人对其他任何状况视而不见、听而不闻。

过度强调"愿景"会发生什么

有些领导者很有远见，擅长描绘未来愿景。他们不太关注"不满"，因为这可能被视为是在看"后视镜"，他们认为人们已经充分认识到了现状带来的痛苦。对于这种类型的领导者来说，"第一步"可能会让人觉得太以过程为导向，过于沉重。这些领导者往往忽略了一个事实："不满"是他人接受改变的必要动力，而"第一步"是传达如何实现愿景并阐明每个人角色的一种手段。有远见的人看三步走一步，未来对他们来说是光明的、令人振奋的、鼓舞人心的。他们是先锋，是富有创造力的思考者；他们挑战现状，环视全局，推动创新，不断向前看，提出雄心勃勃的计划。他们这样做，要么是因为天性如此，要么是因为他们觉得这能激励团队。富有远见的领导者至关重要，他们能够驾驭不满情绪，建立一支擅长运营的团队。

过度强调"第一步"会发生什么

有些人过度依赖工作流程、任务和步骤。他们工作讨论的主要内容是过程。这类领导者着眼于眼前目标，追求效率，努力保证时间不被浪费，确保要做的工作是明确的，角色和责任是清晰的。他们很少去思考或讨论结果，他们的目光就像微距镜头一样，镜头离拍摄对象非常近，所以取景器中显示的只有那个拍摄对象——这就是整个团队所能看到的全部。当一个步骤没有按计划进行时，工作就会停下来，因为后续步骤取决于前一个步骤的执行情况。即使是最好的情况，如果一切进展顺利，那么对"第一步"的高度关注意味着，一旦完成了"第一步"，团队就必须停下来重新部署，制订下一步的计划。这会大大影响团队的敏捷性和灵活性。对"第一步"的过度强调也有可能使团队失去活力，因为团队与"愿景"的联系中断了。

这 3 个因素如果被过度强调，"助力"就会变成"阻力"。好东西太多就会成为负担，因为过犹不及。决策过程也是如此，因为你需要克服人们对改变的天生抵制。为了加快决策，这 3 个因素必须同时出现，才能有效地为决策创造理由，确保团队成员积极参与其中。

策略 2：界定结果

明确地界定结果是有效决策的基础。如果大家对成功的定义不同，困难就会出现。你的商业伙伴可能只需要一个简单的答案、一次快速的分析或一个数字，因为决策的速度很重要。而你努力超额完成任务，制作数据透视表，用幻灯片加以说明，并撰写分析报告。虽然这是一个出色的答案，但实际上造成了决策的延误。如果你像我们前面建议的那样，提前花时间界定你们最终需要什么，就能投入更少的时间，取得更大的成功。

框架如同指南，通过突出某些方面和忽略其他方面，指引你聚焦何处。框架提供了边界，帮助你解释看到的东西，同时弄清楚你需要交付什么，并指引你分配时间。

大多数团队或客户都能清楚地表达他们不想要什么，他们擅长讨论各种痛点，却难以确定他们想要什么。假设你向一个团队展示一张全景图，团队成员在看同一张图片时会关注不同的点，最终会对同一张图片形成各种各样的解读。

在讨论项目的结果时，通常有两种极端情况。一种情况是，结果对领导者来说非常明确。领导者知道什么结果才算成功，因为他们在塑造该项目的过程中扮演了重要角色。

另一种情况是领导者对最终的结果只有一个模糊的概念，因为他们没有投入时间去思考，或者在没有完整了解项目背景的情况下承担了这项任务。这两种截然相反的情况导致了同样的状况——对目标的模糊描述，他们很少花时间讨论怎样才算成功。在决策过程中，由于人们朝着不同的标准努力，因此会对到底需要什么样的结果产生不同的看法，这就是决策久拖不决的原因。团队误把行动当作结果，对成功没有一个共同的定义。

因此，必须定义怎样才算成功，然后让大家都清楚地知道这个定义。在军事上有一个概念叫作胜利条件，即获胜的各种条件。成功的领导者能清楚地勾勒出前进需要的东西，他们使用最简单的术语来解析复杂的战役，直指本质，从而确保目标明确，使整个团队齐心协力，共同向前推进决策，直至成功。

运用策略 2

胜利条件这一概念可以应用于任何团队环境，无论是学校项目、志愿者团体还是工作场所。你只需要问以下简单的问题。

- 怎样才算成功？
- 你是需要金牌、银牌还是铜牌解决方案？
- 你需要什么基本信息来做决策？

第 10 章 放弃完美主义，敏捷决策的 7 个策略

就像裁剪图片，了解成功标准有助于你框定图片，使团队聚焦于需要的数据、需要的分析和需要的决策。进行这种讨论可以确保把力气用对地方。我们经常说："如果骑自行车就能到那里，就不要建造火箭飞船。"

根据《韦氏词典》的定义，过度工程（overengineering）是指以复杂的方式设计产品或为问题提供解决方案，而更简单的解决方案就可以带来同样的效果（见图 10-2）。

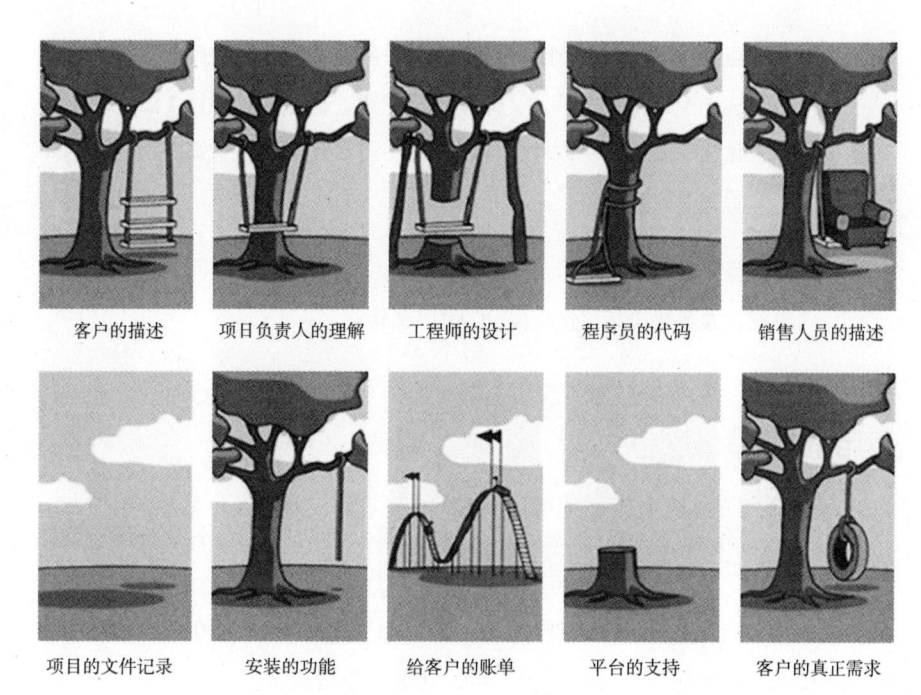

客户的描述	项目负责人的理解	工程师的设计	程序员的代码	销售人员的描述
项目的文件记录	安装的功能	给客户的账单	平台的支持	客户的真正需求

图 10-2　过度工程

在决策过程中，目标是将需求与适当的结果相匹配。对决策的过度工程会浪费资源和精力，让团队精疲力竭，因为除了主要目标项目，团队通常还受命负责其他项目。这是一种下游效应（downstream effect），因为团队对其他项目的关注被稀释了。界定结果可以加快决策速度，并对团队业务的其他方面产生积极影响。

策略3：决策分类

人们不想失败。这个想法虽好，却妨碍了快速决策。人们担心一旦做出决策就不可挽回，因此对失败充满恐惧。考虑到这一点，亚马逊将决策分为类型1和类型2来处理决策过程。在致股东的一封信中，亚马逊集团董事会执行主席杰夫·贝佐斯讨论了这两种决策类型。

- **决策类型1**：几乎不可能逆转。把决策想象成一扇门。决策类型1是只允许从一个方向通过的门，即单向门决策。由于决策类型1很难逆转，因此是需要付出巨大努力才能撤销的重量级决策，例如决定开工厂、关闭生产线或并购。

- **决策类型2**：很容易逆转。这些决策是允许双向通过的大门，即双向门决策。大多数决策都是类型2，可以逆转。

运用策略3

这是一个有用的分类方法，但如何将决策划分为可逆或不可逆呢？当面对一个决策时，想想逆转这个决策会不会很难。一旦做出这个决策，需要付出多大的努力才能逆转它？想想是否在某一点上它会变得不可逆。这是一个可以逆转的轻量级决策，还是一个不可逆转的重量级决策？

你会发现，大多数决策都是可逆的。如果你发现很多决策都不可逆，那就缩小决策范围，这是下一个策略的主题。

策略 4：缩小决策范围

决策越重大，影响就越大。在我们寻求快速做出决策的过程中，经常努力从 A 点到达 B 点。小时候，我们被教导两点之间直线最短，这个知识是基于希腊著名哲学家阿基米德的研究。

但数学家们反驳了这种观点。基本几何显示，A 点和 B 点之间的最短距离取决于底层几何结构。如果地形是完全平坦的，那么直线代表最短的距离。但决策过程就像大自然中的地形一样，很少会是平坦和无障碍的。

重大决策通常牵涉许多利益相关者，需要考虑更多的意见，或者需要针对多个结果进行优化。因此，决策地形是"弯曲的"。除了地形之外，正如我们在本书中讨论的那样，还有许多"逆风"可能会改变你的计划，就像航海一样。

如果你曾经参加或观看过帆船比赛就会知道，目的地是确定的，但旅程从来都不是一条直线。经纬坐标是已知的，但在特定的日子里，还有其他的因素需要考虑，如风速、潮汐、障碍物、船员技能和天气等，掌舵的船长必须驾驭这些因素。

没有一艘帆船可以直线航行，因为迎面吹来的风会阻止其前行。然而，通过利用气流和水产生的力量，不断调整船身以借用风力，船只可以迅速向前移动。这些调整是一种叫作"抢风"航行的技巧。

"抢风"航行看起来像锯齿状运动，在向目的地靠近的过程中借用风力航行。定期评估风况有助于确保船只处于有利的"抢风"航行状态。虽然这些定期调整可能会增加航行距离，但结果却是更快地到达目的地。

运用策略 4

经验丰富的决策者运用抢风航行的概念,将较大的决策分解为较小的决策(见图 10-3),致力于先解决这些较小的决策以推动进展,并针对不利因素——逆风,进行实时调整。这些不利因素可能是新的数据、优先级的变化、时间安排的变化或竞争对手的行动。在做决策时,逆风是必须加以考虑的因素。通过解决分解后的决策,可以最大程度减少这些逆风的影响,因为调整的幅度更小,整体决策的变动幅度也更小。

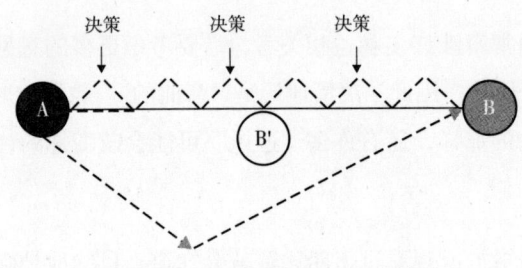

图 10-3 "抢风"航行式决策

要成为一名熟练的决策者,不是以直线方式从 A 点到 B 点,而是将整体决策分解为需要更少时间和(或)更低风险的较小决策,然后评估不利因素,衡量不利因素对这些较小决策的影响。即使逆风持续存在,只要你的工作还在继续推进,那么就处于有利的航向上。

持续前进,就算你确定需要改变航向,行动起来也很容易。这是决策方式的根本改变。较小的决策需要更少的人力、物力和财力,避免偏离航线。缩小决策范围可以加快决策速度,因为人们更有信心做出较小的决策,即使失败,造成的影响也很小。

运用该策略的一个重点是定期评估项目进度并与团队保持沟通。想要将分解后的小决策与大目标联系起来,沟通必不可少,因为小决策可能不会被认为是一种进步。要知道,到达目的地才是人的天性。

人们对成功的定义是非黑即白的——是否达成了目标。通过频繁地沟通，提醒团队不要忘记目标，所有的任务都在朝着目标前进。沟通应该公开透明，即使需要重新定向，也应该讨论这一点。与整个团队保持沟通，并将改变置于更大目标的背景之下，让团队成员知道他们正在为达成总体目标而努力。

策略5：适当调整决策者人数

小孩子踢足球，就像蜜蜂从一朵花飞到另一朵花。哨声一响，球被踢了出去，孩子们纷纷追着球飞奔。场边的父母们开始大声地加油鼓劲，教练也兴奋地鼓励着球队。发生的事情太多，以至于你都没有注意到球在哪里。孩子们下场略作休息后，又冲入场内接着踢球。每个人都在看那个球。孩子们持续奔跑，父母们忙上忙下，教练大声叫喊。热烈的气氛感染着全场。就这样持续了50分钟。

目标很明确，也很好理解：把球踢进球门。有鼓励，有坚持，有激情。成年人的经验、技能和知识水平各不相同，但我们都知道比赛的结局。每个人都筋疲力尽，比分通常是平局，所有的努力都有回报。

随着孩子们日渐长大，教练变得更加老练，比赛也变得更有竞争性，一些球队脱颖而出，进入锦标赛、分区赛或季后赛。孩子们通过学习有关传球和助攻的宝贵经验来磨砺技能，学习在自己的位置上发挥作用。教练根据对手、得分和能力来替换球员。比赛有赢有输，心情有起有落。无论是参与其中还是在场边观看，你都经历过这些类似的比赛。

有价值的经验可以加快决策速度。一个新项目启动时，团队成员会带着良好的意图朝球奔去。更多的同事加入进来。随着决策时刻的迫近，会议室内外的声音越来越多。当人们从一个会议转向另一个会议时，行动常常与结果混淆。发送一封封电子邮件，制作一张张幻灯片，提取一个个数据，进行一场场谈话，好不热闹。最后，人们精疲力竭，可能会有一个好的决策，抑或有一个坏的决策，或者根本没有决策。

运用策略 5

这个策略的目标是避免不停地追逐足球。人们倾向于入场，组建团队，然后开始工作。然而并非所有的决策都是平等的。当我们停下来考虑这一点时，这是显而易见的，但人们并没有停下来。通常情况下，所有的决策都是以同样的强度来处理。实际上，不同的决策需要不同的技能、人员和期限。以下步骤详细介绍了一种新的方法来适当调整决策时刻的决策者人数。

1. 对决策进行分类：考虑时间和风险这两个因素，可以将决策分为以下 4 类。(见图 10-4)。

- 风险高 + 时间短 = 危机决策。人数有限。

- 风险高 + 时间长 = 委员会决策。人很多。

- 风险低 + 时间短 = 不相关或矛盾的决策。没人或一人。

- 风险低 + 时间长 = 分析瘫痪的决策。特定的一群人。

图 10-4 说明了以下公式：更小的空间 = 更短的时间 = 更少的人员 = 更快的决策。

2. 评估技能：一项新计划出现时，首先弄清楚做出决策需要哪些专业知识或经验，而不是去想需要哪几个特定的人。当你试图组建一个高效、小规模、高素质的团队时，必要性是一个关键的考虑因素。

3. 确定人员：你需要考虑人员的适用性，但经常发生的情况是人员太多或者不合适。如果没有合适的人，那么你可能会引入更多的人，以为数量可以弥补质量。

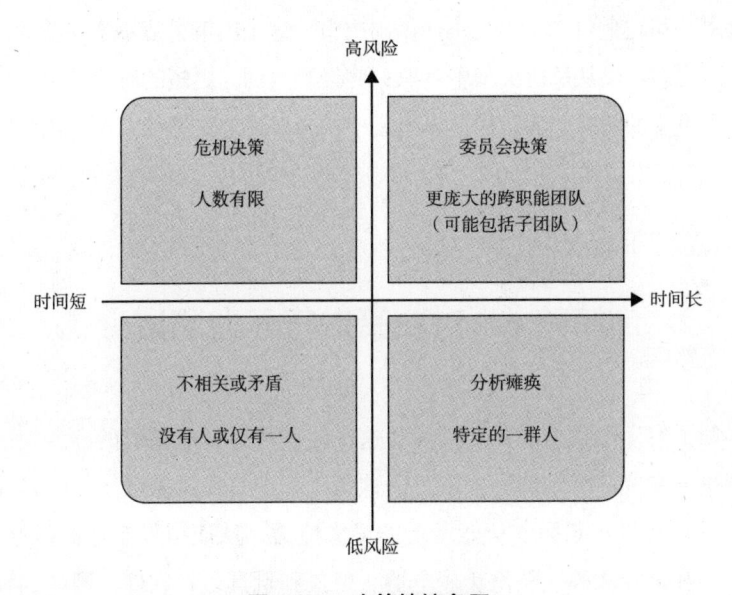

```
                        高风险
                          │
    ┌─────────────┐   ┌─────────────────┐
    │   危机决策   │   │    委员会决策    │
    │             │   │                 │
    │   人数有限   │   │  更庞大的跨职能团队│
    │             │   │  （可能包括子团队）│
    └─────────────┘   └─────────────────┘
时间短 ─────────────────┼───────────────── 时间长
    ┌─────────────┐   ┌─────────────────┐
    │ 不相关或矛盾 │   │    分析瘫痪     │
    │             │   │                 │
    │没有人或仅有一人│  │   特定的一群人   │
    │             │   │                 │
    └─────────────┘   └─────────────────┘
                          │
                        低风险
```

图 10-4　决策情境象限

4. 选择领导者：完成前 3 步后，接着需要考虑合适的领导者。如果你有一个高素质的团队，拥有合适的专业技能，那么你可能需要一个组织能力强的领导者。如果你的团队规模很大，但经验不足，存在技能缺口，那么就指派一位拥有直接或相关经验的老练领导者来做决策。一个强有力的领导者可以弥补短板。如果这个领导者不擅长做计划，一定要指定团队中的某位成员来制订计划。

5. 分配角色：项目启动时，必须让每个人都知道目标是什么，同时还要清楚地定义每个人相对于目标的角色，这将为后续工作节省很多功夫。团队领导者不能只是简单地分配职责，而应该投入精力定义成功的标准，并分享个人的期望。让团队成员用他们自己的话复述自己的角色，这样他们就清楚了自己的立场和需要做的事情。就像在体育运动中一样，"各司其职"更容易带来清晰的

小数决策　DECISIONS OVER DECIMALS

结构和有序的过程，更容易完成任务。每个人都能够很好地完成自己的工作，并且乐于做出调整，同时一同朝着目标而努力，最终项目才能取得成功。

许多公司在危机情况下会迅速做出决策，这个决策可能不是完美的，却是迅速的。我们可以从危机决策中汲取一些经验教训。更短的时间和更高的风险需要一个更小的团队。团队成员迅速集中精力以适应快速的节奏。创建小规模的团队，设定更短的期限，可以让团队成员集中精力并提高决策的灵活性。

策略6：对决策进行压力测试

必须了解一个决策的极端情况，这样你就可以做好相应的准备。这类似于将解决方案或产品推向其极限——这是工程中常见的做法，目的是在受控环境下测量材料在断裂前所能承受的最大应力，从而指导制造商设计产品、优化性能和避免故障。从汽车、电器、工具和玩具，到软件、网站和移动应用程序，各行各业莫不如此。此类测试有各种各样的名称，如压力测试、负载测试或线路测试，但它们的目的都是了解设计的极限。

用来评估管理策略时，这种方法被称为"战争游戏"，具体指精心模拟竞争对手、趋势、技术、客户需求和市场动态，在一天或几天内运行各种模型，以获得不同的视角，及时调整变量，制订一系列潜在的应对措施。通过这种方法，公司对战略的优势、劣势和差距有了更深刻的认识。"战争游戏"是一种强大的工具，其价值与投入的努力成正比，因其需要耗费相当多的时间和精力，故很少被采用，通常只用于重大计划或长期战略规划。

事实上，决策每天都在发生。哥伦比亚大学商学院管理系教授希娜·S. 艾扬格（Sheena S. Iyengar）估计，美国人平均每天要做70个决策。[4] 鉴于决策频繁发生，我们真正需要的是一种能够快速发现未识别风险和潜在机会的方法。任何工具都必须简单、可扩展和快速。

第 10 章 放弃完美主义，敏捷决策的 7 个策略

为了满足这些要求，我们开始解构各种测试方法。许多压力测试方法着眼于各种环境条件下的多种性能，撒了一张大网来捕捉模拟决策在其生存周期中的表现。然而，日常决策并不需要那么严格。正如我们在第 5 章中讨论的方法，如果你考虑决策在极端情况下的执行效果，就可以快速评估决策的可行性，同时验证支持该决策的潜在证据。

先来说说什么是极端情况。极端情况是指决策、解决方案或建议的极限。例如，在汽车行业，工程师测试内燃机在不损坏任何内部零件的前提下所能达到的最大发动机转速。

在决策过程中，极端情况可以通过以下问题来定义。

- 如果你拿到的预算比你要求的多两倍，你会怎么做？
- 从试点项目来看，怎样才算成功？
- 如果你停止该项目，谁会提出异议？

这 3 个问题聚集于如何将压力测试的概念快速应用于日常决策。每个问题都代表了一个极端，对此你需要做出响应。这并不意味着你真的会得到两倍的预算，或者项目会被叫停，但深思熟虑的答案能揭示思维和分析上的差距。这种简单的方法可以评估决策的逻辑是否全面。

这个策略特别适用于规划预算。我们已经目睹了大大小小的融资申请应用了这种方法。

决策面面观
DECISIONS OVER DECIMALS

对决策进行压力测试

几年前，某团队有一项新的零售业务申请 3 亿美元的启动资金。

他们的演示准备得很充分：有商店模型、人口统计研究、客流量分析、分区要求、竞争研究、商店规划、盈亏平衡分析、扩建成本和运营需求，还有电商作为实体店的补充。这次演示看起来就像歌曲《爱丽丝的餐馆》(Alice's Restaurant Massacree)中的场景，"27张标记着圆圈箭头的8英寸×10英寸彩色光面照片"。当该团队开始做演示时，一位高层领导伸手示意他们暂停。他说："我有一个问题，如果此业务大获成功，会发生什么？比如人们在店外排队购买，或者需求是预期的3倍，会怎样呢？"房间里顿时安静下来。这不是他们准备演示的内容，不在他们的预料之内。他们的分析解释了5%、10%、15%的增长或更长的盈亏平衡时间，但他们不知道怎么回答这个"大获成功"的问题。他们没有仔细想过在极端情况下如何扩大规模，如何增加人手或者提高运输能力。在那一刻，他们什么也做不了。这位高层领导不会去看"27张标记着圆圈箭头的8英寸×10英寸彩色光面照片"。原计划3小时的演示变成了30分钟的会议。那位领导者说，等他们能回答他的问题时，他愿意参加下半场会议。

那位领导者用了一个问题对此团队新业务的逻辑进行了压力测试，将决策的执行效果推到极限。团队成员回去后重新调整了演示，考虑了所有的场景，修改了申请，调整了实施计划和人员需求。他们最终成功获得了融资。项目顺利启动并成功运营了11年，在4个国家开设了116家分店。

200万美元预算的决策

某公司正在进行年度预算规划，资金相当紧张。对于雄心勃勃的新数字平台打造计划，公司要求每年的预算必须持平。如果领导者下定决心实施他的计划，那就只有一个方法：在整个团队中重新分配资金。他做出了一个艰难的决定，从一位副总裁的500万美元预算中拿出 200 万美元用于新项目，使那位副总裁的预算一下减少了 40%。当他把这个决定投在屏幕上后，他沉默着。你可以看出他在试探，在等待反击。其他 3 位没有受到影响的副总裁脸色凝重。众所周知，这是暴风雨前的宁静。受到影响的那位副总裁清了清嗓子，身体前倾，把胳膊肘放在桌上，开口问道："如果我们把新数字平台打造计划的预算增加到 400 万美元，会有什么结果？"负责新数字平台的总经理不知道该说什么，他还没有准备好回答资金增加到原来两倍的问题。副总裁继续解释说："如果我们相信这个愿景，难道不应该探索所有的选择吗？"这个问题不仅改变了会议的基调，还引发了一场关于投资创新、挑战现状以及改变招聘政策的讨论。

对决策进行压力测试的另一种形式被称为"零"版本。如果我们决定不再继续开展一个研究项目，或者关闭一个计划，抑或停止提交一份报告，谁会提出异议？如果答案是没有一个人或者只有几个人，这就表明该计划的价值可能已经达到了其生命周期的终点，不如把资源用于其他项目。

在极端情境下对决策进行压力测试，可以让你对决策的逻辑进行自我诊断。当与利益相关者或客户分享你的决策时，你会变得更加自信，展现出周密的思维，并确保你的团队做好充分准备。

策略 7：寻求同意而不是共识

明智的决策反映了来自不同学科、经验的不同意见。在当今的协作思维文化中，团队根据每一个意见对决策进行优化。我们倾听每个人的意见并做出回应，力求让每个人都参与进来。人人在决策中都有平等的发言权。遗憾的是，当人们认为他们需要一起做决定时，决策的敏捷性就会大打折扣。最后，这个过程会让人筋疲力尽，做出的决策也很平庸。

当你追逐决策时，你是在寻求共识，试图通过接纳所有意见来获得普遍认可。共识是指理解每个人的意见，并创造一个接纳所有这些意见的解决方案。共识的结果是团队在当时能够达成一个解决方案。请注意，这可能并不是最佳的解决方案，因为它在某个时间点上试图接纳每个人的意见。

有些意见是基于专业知识的事实，但还有很多意见却未必。这些意见包含了个人的主观想法，或者因为提意见者位高权重而显得更有分量。忽略此类意见可以节省你的时间和精力。

意见是有价值的。你应该积极地寻求意见，但这并不意味着你需要接纳所有的意见。作为决策者，你有权考虑、接受或拒绝任何意见，与那些花时间分享有益反馈的人形成闭环，至少承认并感谢他们的贡献。更好的做法是，让他们知道你考虑了他们的意见，但由于你需要平衡其他的因素，所以不会采纳所有的意见。这是完全可以接受的。这不仅是一种尊重，也是一种策略，因为你需要团结其他人。你会发现，利益相关者通常只是想让他们的意见得到倾听。通过这种方式团结其他人，你不仅开启了对话，还增加了他们支持或者至少不反对这个决策的可能性。这将实现你的合作目标，最大限度减少你在提出最终决策时遇到的阻力。

这个策略旨在征得大家的同意。同意有助于根据事实做出快速、明智的决定。在考虑反馈以发现重要风险时，同意可以作为决策的"加速器"。这不会带来完美的决策，但会使决策更快。运用本章讨论过的抢风航行概念，你可以在项目前进过程中进行微调。

运用策略 7

我们来看以下运用此策略快速决策的两步法。

1. 评估意见的质量。意见是基于事实，还是看法或判断？

2. 对意见进行风险评估。基于事实的意见对实现结果所构成的风险是高、中还是低？

完美的决策并不存在

想要做出完美的决策是人的天性。我们误以为数据会带来确定性，但人并不理性，对数据的追逐总是没完没了。完美的决策并不存在。

本章讨论的 7 个策略不必按顺序进行。为了避免追逐决策，你应该对当前情况运用适当的策略（见图 10-5）。

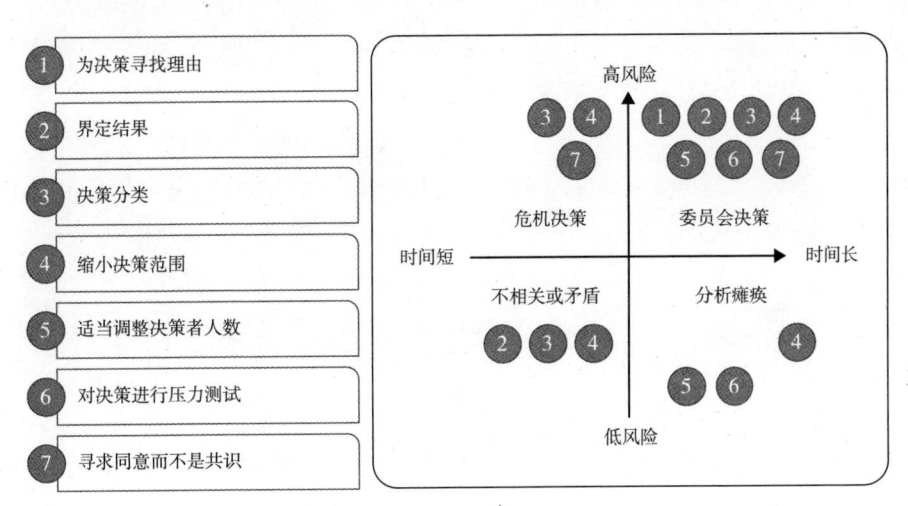

1 为决策寻找理由
2 界定结果
3 决策分类
4 缩小决策范围
5 适当调整决策者人数
6 对决策进行压力测试
7 寻求同意而不是共识

高风险象限：危机决策（3、4、7）｜委员会决策（1、3、4、5、6、7）
低风险象限：不相关或矛盾（2、3、4）｜分析瘫痪（4、5、6）
横轴：时间短 ↔ 时间长

图 10-5　将 7 个策略映射到决策时刻

成为快速的决策者是成功的关键。决策的速度由决策者和决策参与者共同决定。与其以后有一个完美的决策，不如现在就有一个尚好的决策。

小数决策　DECISIONS OVER DECIMALS

本章要点

- 记住，提问为王。
- 花时间界定问题和定义成功。
- 对一个选择说"是"，就意味着对另一个选择说"不"。
- 收到一个快速的"不"，好过收到一个缓慢的"是"。
- 意识到没有决策，也是一个决策。

DECISIONS

第 11 章　创建定量直觉文化，招聘人才，打造团队和组织

OVER

DECIMALS

小数决策 DECISIONS OVER DECIMALS

> 归根结底，你押注的是人，而不是策略。
>
> ——劳伦斯·博西迪（Lawrence Bossidy）

组建和发展一个团队是你应该培养的基本领导技能之一。迪士尼公司创始人华特·迪士尼曾说，你可以梦想、创作、设计和建造世界上最奇妙的地方，但你需要人才能使梦想成真。想想那些伟大的创新者和先驱，他们都提出了重新定义或缔造新行业的美好愿景，并花费了大量时间来组建团队，将愿景变为现实。

在掌握了前面几章中讨论的定量直觉方法后，你可能会问自己：我如何衡量员工的定量直觉水平？我应该寻找具备什么样技能的个人？团队的理想构成是怎样的？

首先，你需要寻找顶尖人才，然后招募杰出人才和（或）专家，为了快速填补职位，这两步需要在有限的时间内完成。最后，你需要营造一个有利的环境，激励这些人才携手合作，同时重视和认可他们的贡献。这就像是你在相亲会上通过简短的谈话后决定和谁交往。这使得招聘成为最难掌握的技

第11章 创建定量直觉文化，招聘人才，打造团队和组织

能之一，但也是最具战略性的技能之一，因为如果招到了合适的人，对公司的促进作用将是巨大的。麦肯锡的一项名为"人才战争"的调查显示，优秀人才的生产力是普通人才的8倍，这表明人才质量与企业业绩息息相关。

2011年，麦肯锡的一项研究认为："到2018年，在精通分析技能的人才方面，仅美国就面临14万至19万的缺口。"从2010年开始，人才短缺的紧迫感促使美国和其他发达国家的教育体系把教育重点放在科学、技术、工程和数学（STEM）上。这导致这些国家的高中和大学教育系统的课程发生了变化，许多学术机构也纷纷开设数据科学和分析的研究生课程，以培养大量精通分析技能的人才。以前，拥有这些技能的人主要从事科技行业，但现在，越来越多的传统行业，如消费品包装和B2B公司也在招募数据科学家和数据工程师。

在2011年那份麦肯锡报告发布10年之后，世界经济论坛的《未来就业报告》(*Future of Jobs Report*)对全球15个最大经济体的高管进行了调查，涵盖9个行业的350多家公司。该报告显示，需求增长最多的职位将是数据分析师和科学家，其次是人工智能专家、机器学习专家和大数据专家。美国劳工统计局预测，到2026年，对数据科学的人才需求将增长28%。

然而，如果说科技、金融、教育和消费品等行业越来越多地雇用深谙分析之道的数据分析师和数据科学家，那么这些公司的领导者呢？他们将利用这些新雇用的分析人员产生的数据和分析来做出决策。

麦肯锡2011年的研究发现，到2018年，我们将缺少"150万懂得利用大数据分析做出有效决策的管理者和分析师"。因此，利用分析来做决策的管理者相比数据科学家的人才缺口比例预计为10:1。

这正是定量直觉发挥重要作用的时候。通过将商业敏锐度和直觉与数据相结合来做出更明智、更自信的决策，定量直觉填补了这一管理人才缺口。

招聘具备定量直觉技能的人才

我们在本书开头写到，你不需要成为数学高手，照样能够利用数据来做决策，成为定量直觉决策者。但这并不是说成为定量直觉团队领导者不需要掌握某些重要技能。

典型的招聘流程——职位描述、筛选应聘者提供的求职信、一轮轮面试、一系列讨论，以及协调多位面试官的不同提问……这些都是必要的，但还不够。你应该考虑使用其他的方法与应聘者互动，以便发现他们的内在优势、喜欢的工作方式，以及他们是否具备定量直觉技能。这些方法包括考试或开放式问答。反应能力、洞察力和创造力都是必需的。你能快速推动增长并处理模糊性吗？你能有效地应对危机吗？对于类似的问题，应聘者必须给出非标准化的主观答案。快速决策要求应聘者成为业绩增长冠军、事实发现者、客户管家和洞察创造者。能够将问题概念化、定义情境并提出更深层问题的人，将比依赖教科书式答案的人表现得更好。我们可以使用定量直觉的三大支柱来定义这些必要的技能（见第1章中图1-1）。

精确提问：这项技能是指善于提出聪明而准确的问题。具备优秀定量直觉技能的人应该是好问的，能够确保在深入研究数据或分析之前理解基本问题。在招聘面试中，许多面试官专注于提问，以此测试应聘者的能力。我们鼓励面试官逆转这个过程，考察应聘者提问和迅速聚焦基本问题的能力。例如，面试官可以向应聘者设定一个现实情境，不是让他们分析情况或提供解决方案，而是看他们会问什么问题来帮助他们更好地理解这个情境。

背景分析：这项技能是指成为严厉的数据审问者。正如第5章所言，想要成为严厉的数据审问者，重点不是评估是否使用了这个或那个分析工具来分析数据，或者是否使用了正确的统计程序。这些是人们在统计学或数据科学课程中学习的重要和常见的技能，通常也是数据科学家和分析师需要具备的技能。而这里的重点是数据情境化。例如在管理咨询类的工作面试中提出这

第11章 创建定量直觉文化，招聘人才，打造团队和组织

个问题：如何把数据置于公司或环境的背景中进行分析？在这个分析中，什么让你感到惊讶？背景分析技能是数据情境化的核心。为了测试这项技能，面试官可以向应聘者提出一个涉及某些数据的场景，问应聘者如何评估这些数据是否在正确的范围内。第6章中关于危地马拉农家乐的市场规模分析就是这方面的一个好案例。

信息综合：这项技能非常重要，但往往被忽视，尤其是初级员工更容易忽视这项技能。这是一种连接各个点并进行信息综合的能力，而不是仅仅总结信息并口头汇报表格中的数据。这项技能需要将判断注入数据分析。但是，数据分析课程很少教授这种技能。在面试中，面试官可以展示一张描述某一情境的表格（例如第7章的表7-1），询问应聘者从该情境中可以得出什么结论。这里的关键在于检查应聘者是仅仅总结表格中的"这是什么"，还是会采取额外的步骤，注入一些个人判断，进行信息综合并讨论在数据中"这意味着什么"和"我们该怎么办"。第9章中讨论的交付和叙事技能也是关键。在面试中向应聘者提出开放式问题，往往更容易评估这些技能。在应聘者回答时，面试官要注意他们的沟通能力，对故事模型、符号、情绪的运用能力以及对听众（通常是面试官）想要什么的理解能力。

根据个人背景和教育情况，一个人可能在定量方面更强，而在直觉方面更弱，或者相反。因此，需要强调不同方面的不同技能。多年来，我们向数千名高管讲授定量直觉课程，发现决策者希望获得不同的定量直觉技能。这些人来自各行各业，涵盖不同的职务级别。例如，参加定量直觉研习班的工程师或数据科学家往往具有很强的定量技能，他们想要加强自己的直觉技能。这些参与者经常会问：我们如何确保在深入分析之前明确和聚焦基本问题？我们如何与高层领导者合作，确保他们帮助我们明确基本问题？我们如何从业务角度而不是统计角度来审视数据，确保提供可靠的分析？这些善于定量的决策者，常常不知道如何以一种可操作的方式交付信息，以便高层领导者能够理解并根据这些信息采取行动。

而另外一些参与者则具有强大的商业直觉,他们想要知道如何使用数据做出更好的决策。这些参与者通常对数据驱动决策的分析部分望而生畏,但当意识到定量直觉决策者需要的技能很少涉及分析技能后,他们如释重负。学习如何利用他们强大的商业知识和直觉,将数据放在公司的整体背景中,确保数据对他们的决策有用,这将使此类决策者受益匪浅。他们还需要了解团队保持密切合作的重要性,特别是在问题定义和信息综合方面,以确保分析是可操作的。

在招聘过程中,你可以要求应聘者假设自己要创建一家公司。此时,如果钱不是问题,他会选择做什么生意?招聘的第一个角色是什么?会如何组建团队?如何定义成功?如何令客户满意?会如何为客户打造产品?应聘者假设创建的公司是何类型无关紧要,重要的是通过这些问题找出应聘者的优点。他们关注的是运营还是营销?他们想领导大团队还是小团队?他们的回答将揭示他们的天生偏好。

当今世界的挑战不是缺乏信息,而是缺乏如何利用信息的判断力。你的招聘试题应该旨在揭示应聘者的判断力水平。通过回答这样的试题,表现出强大判断力的应聘者将会脱颖而出。我们生活在崇尚数据的文化中,这没有什么不对,因为事实和数据很有分量。但人们已经沦为数据追逐者,很多企业无论规模大小,都在被信息过载束缚。错过创新、与机遇失之交臂、客户流失,这一切都是因为人们不知道如何发现相关事实、获得洞察,并以有效的方式交付事实和洞察。只有少数人了解数据的力量,知道该问什么问题,并且能将数据与公司的整体战略联系起来,以吸引客户并实现目标收入。优秀的领导者要建立高素质团队,团队成员应具有判断力、批判性思维和创造力。

在许多情况下,培养定量直觉技能并不是指培养个人技能,而是建立正确的心态或新的工作方式。亚马逊就是一个很好的例子。杰夫·贝佐斯提出了16条领导力原则(见图11-1),比如"终生成长并保持好奇心"和"坚持最高标准"。亚马逊秉持"永远都是第一天"(Day 1)的理念:"Day 1 既是一种文化，也是一种运营模式，将客户视为亚马逊一切工作的中心。Day 1 就是要保持好奇心、灵活性和探索精神。"

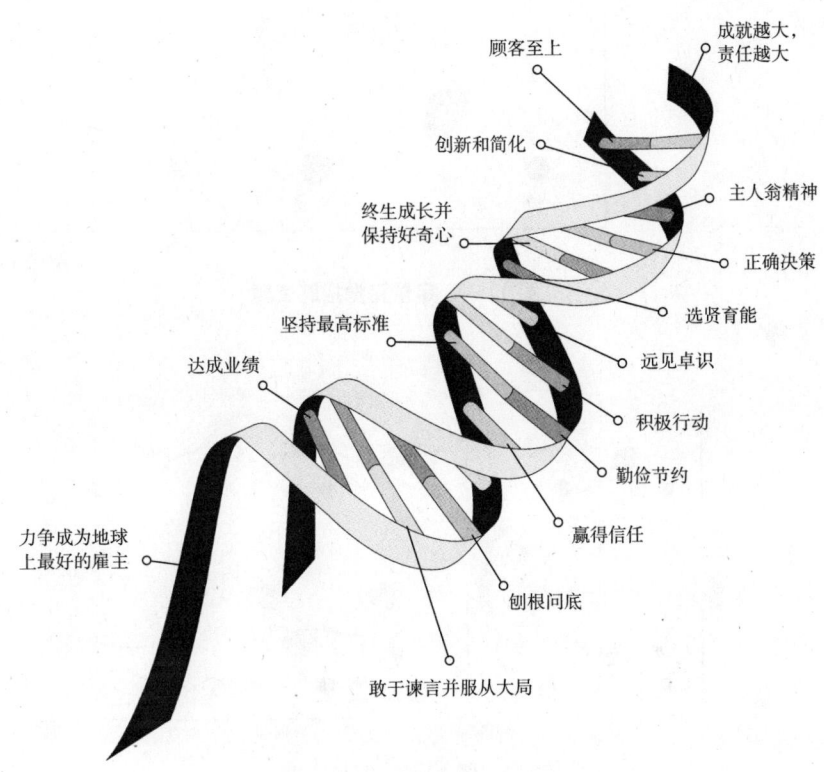

图 11-1 亚马逊的 16 条领导力原则

（图中标注：顾客至上、成就越大责任越大、创新和简化、主人翁精神、终生成长并保持好奇心、正确决策、坚持最高标准、选贤育能、远见卓识、达成业绩、积极行动、勤俭节约、赢得信任、刨根问底、力争成为地球上最好的雇主、敢于谏言并服从大局）

决策面面观

DECISIONS OVER DECIMALS

5 个圆圈的面试题

以下是我们使用的面试题之一（见图 11-2），要求应聘者以图形方式将这些点联系起来。

问题的答案有很多种（见图 11-3），我们将答案分为 3 类：第一类是用一条线来展示理性的逻辑联系（A）。第二类画了一条直线

197

来表示平均值（B、C），第三类通过将点分组的方式来展现创造力（D、E、F）。

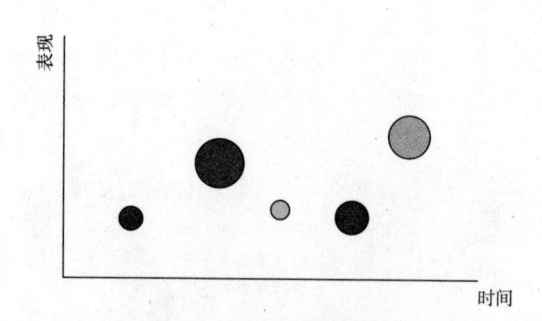

图 11-2 定量直觉招聘试题

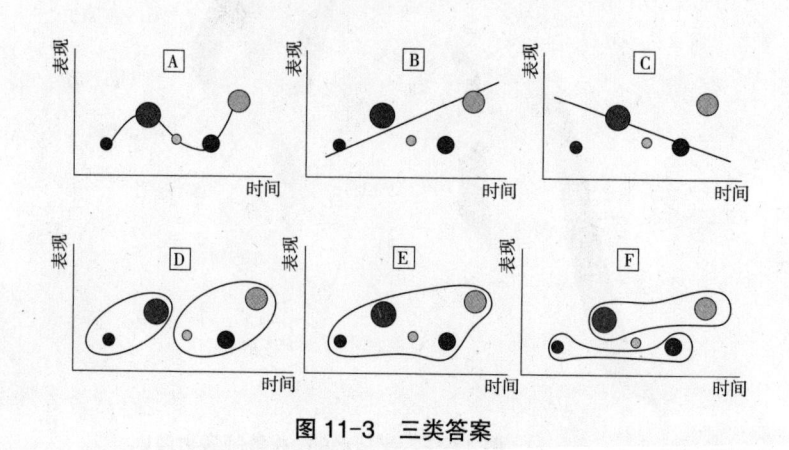

图 11-3 三类答案

这道题并没有标准答案。实际上，我们不是在寻找一条最合适的线，也不是在看应聘者能多快画出一条线。这不是速度测试，也不是逻辑测试，更不是空间推理能力测试。我们想通过这个试题，了解应聘者解决问题的思路。他们是直接上手解决问题还是先停下来问个问题？他们会审问数据吗？

这 5 个圆圈是缺少数据的数据点，它们代表了应聘者在处理数据之前应该了解的信息。圆圈不同的大小说明了什么？圆圈的颜色

第11章 创建定量直觉文化，招聘人才，打造团队和组织

是何意义？横轴和纵轴上的刻度呢？"表现"和"时间"哪个更重要？我们在课堂上对有经验的专业人士也给出了这个试题，同样发现了类似的答案模式。人们偏向于行动：看到一个数据集，他们深入研究数据，却没有界定问题，没有把数据置于整体背景中，也没有停下来弄清楚自己想要的结果。

打造定量直觉团队

学习定量直觉技能可以让企业及其员工获益匪浅，但并非所有技能都可以存在于一个人身上。在快速发展的企业中，有效的领导者意识到，只有拥有适宜的团队，才能解决问题，获得最优结果。什么是"适宜的团队"？"适宜的团队"能总览全局，不受约束，同时避免偏差，从而得到创造性的解决方案。这些解决方案也许简单、大胆甚至带有挑衅意味，但它们会产生持续的影响，有效地解决最初的问题。最重要的是，它们促使人们采取行动，例如重新评估自己的想法和采纳他人的建议。

现在你已经知道，定量直觉技能结合了数据智能和人类判断。从我们的研究中可以发现4个角色——数据科学家、数据工程师、数据翻译家和数据艺术家，他们构成了定量直觉团队的基石。这个定量直觉团队由拥有不同背景、经验、知识和资历的人组成，他们作为一个整体开展工作，以实现预期的结果。知易行难，优秀的领导者在克服重重障碍的同时团结团队，营造蓬勃向上的企业氛围，把这作为一种罕见而宝贵的资源。这应该是我们考虑如何招聘定量直觉人才的起点。

数据科学家：数据科学家就像建筑师，他们描绘蓝图，而蓝图则是构建洞察的脚手架。谷歌首席经济学家哈尔·范里安（Hal Varian）把数据科学家称为"21世纪最具吸引力的工作"。[1]他们可以从混乱的非结构化数据中挖掘"宝

藏",对联合分析、累计净到达率和频次分析(TURF)、篇章分析、神经网络、预测机器学习和队列分析等工具和技术都有深入的了解。通过使用这些工具,数据科学家可以将结构化和非结构化数据组织成数据切片,更清晰地呈现信息图像。需要注意的是,这些蓝图可能是在项目开始时描绘的,用于指导如何捕获信息,或者是在拥有数据立方体后描绘的。数据科学家应当何时何地参与进来取决于问题的复杂性。对于很容易回答、需要较少数据的简单问题,不需要完善的蓝图来帮助解答。对于更复杂的问题,数据科学家在分析数据立方体方面发挥了关键作用,他们利用数据建模、关系数据库和统计学领域的特定技能,系统地、科学地处理问题。随着人工智能和机器学习在企业流程中变得无处不在,对数据科学家的需求将会增加,因为他们处于方法、算法和技术的交汇点,通过构建模型来生成洞察。他们将数学、统计学和计算机科学技能相结合,用技术知识来解答复杂的问题。

数据工程师:数据工程师建好"管道",让数据得以流动,他们相当于建造房屋的水管工或电工。数据工程师工作的第一步是获取不同来源的数据,如网站、手机、云平台、调查、GPS或交易。鉴于数据的多样性、获取速率、数量和准确性,数据工程师工作的第二步是设计规则,创建一个模式来组合不同来源的数据,从而协调数据。这些规则定义了如何命名、转换、处理和合并数据,以便提供一致的数据视图。这是一个复杂的过程,需要判断力、技术和商业知识。由于数据可能来自任何地方,因此必须将其集中存储以使其可用。人们常常错误地认为,大数据的价值在于数据集有多大、观察结果有多少,或者我们观察的是成千上万的客户还是数百万笔交易。其实,大数据的真正价值来自连通的数据,来自在每个数据单元中观察到的许多变量,来自数据的宽度而不是长度。协调的数据能为企业提供360度的业务视图。将销售、运营、财务、营销等数据整合到一个视图中,可以提高决策的灵活性、质量和速度。第三步是将数据存储到数据立方体中。从本质上来说,数据立方体是包含行和列的数据库。数据立方体最简单的形式是Excel表格,但也可以使用更复杂的关系数据库对数据之间的关系进行分类、分组和映射。数据

第11章 创建定量直觉文化，招聘人才，打造团队和组织

工程师的一个重要职责是保证数据的互操作性，确保数据可以从一个系统转移到另一个系统，在系统升级甚至完全替换后也能跨系统传递。历史数据丢失的最常见原因可能是数据输入或存储系统的更替。数据工程师使数据科学家和数据翻译家能够完成他们的工作。如果没有数据立方体，数据科学家就无法构建模型，数据翻译家就无法将原始数据转化为洞察。

数据翻译家：数据翻译家解答特定的业务问题，他们同时具备定量技能和直觉技能。最有效的数据翻译家将自己的角色定位为利益相关者、数据科学家、数据工程师和数据艺术家之间的翻译者。他们在商业语言和数据之间架起桥梁，促成数据驱动的决策。数据翻译家通过提出疑问来界定问题，严厉地审问数据，将数据置于问题的整体背景中，同时综合信息，助力实现有效决策。数据翻译家需要以业务优先级为基础，致力于驱动结果。数据分析是达到目的的一种手段。成功的数据翻译家从整体上看问题，使用一系列分析工具来影响业务策略。他们有一种天生的好奇心，不断地问"为什么"、"那又怎样"以及"现在怎么办"，讨论数据在业务背景中的真正含义。他们沉浸在数据中，对数据进行测试、度量、学习和迭代。成功的数据翻译家具有分析思维。这不同于学习分析工具和方法。分析思维几乎是每个领导者都希望拥有的，而许多人都缺乏这种技能。擅长定量分析或数学并不一定能让你具备分析思维。我们见过很多非常聪明的定量分析博士，他们具备深厚的分析能力，但没有分析思维。分析思维包括明确基本问题的目的，而不是在数据森林中徘徊；对数据和分析进行审问，不是从统计学的角度，而是从表面效度（face validity）的角度；能够通过信息综合将这些点连接起来，最终讲述一个基于事实的、有根有据的故事，而不仅仅是复述观点或者事实。通常，最具价值的顾问和最优秀的数据翻译家能为公司带来分析性和结构性的思维。数据翻译家通常具备定量直觉领导者所必需的大部分技能，这使他们成为定量直觉团队中关键且难觅的角色之一。

数据艺术家：数据艺术家制作表格、信息图和其他可视化材料，方便人们快速理解复杂数据。数据艺术家具备第9章所讨论的许多交付技能。精良的

可视化材料能让更多的人参与讨论、扩展对话，由此产生的结果是更快、更好的决策。关于数据可视化，人们误以为必须具有非凡的创造力才能真正掌握这项技能。我们完全不同意这种说法。人们尽量压缩用于数据可视化的时间，这是因为他们不太了解这一学科。通常，当人们听到数据可视化时，他们可能会认为这是艺术和工艺。这大错特错。罗恩·科罗斯兰德在《语音课》中写道："事实本身很少能说服人，也很少能激发人的灵感。"内容很重要，但可视化将激发人们根据你的内容和建议采取行动。可视化还有其他用途。由于我们的思考方式，人类倾向于记住平均值，而不是他们被告知的总和。数据可视化能够突出显示重要的数据总结并屏蔽掉那些不重要以及不相关的数据。最优秀的数据艺术家兼具数据科学家的知识和平面设计师的能力。像其他任何技能一样，数据可视化需要一定的熟练度。通过坚持运用一套核心原则，你将立即提升自己的演示水平。这些基本原则包括：(1)留白；(2)每页一个想法；(3)大字体；(4)限制颜色的使用；(5)信息综合而不是总结。如果你正在寻找灵感，可以去了解当今数据艺术的先驱——戴维·麦克坎德莱斯（David McCandless），他将复杂的数据集转化为简单的可视化材料，发现其中隐藏的联系和模式。记住你的目标是说服而不是演示。

我们已经讨论了这4个不同的角色，他们在作用、所用工具、技能和输出方面有所重叠（见表11-1）。你可以主修其中一个角色，辅修另一个角色，然后选修其他角色。优秀的专业人士会同时扮演多个角色。

你可以在低风险的情况下帮助团队培养定量直觉技能，例如进行一对一会议或演示排练。在这个安全的学习空间中，要求演示者关闭幻灯片，讨论结果，询问异常值或无法解释的发现。去掉被称为"幻灯片"的拐杖，看看在最初的震惊消失后，讨论会变得多么富有成效。团队成员是否表现出对信息的了解？他们对这个问题有什么看法？他们能谈论与业务相关的困难吗？如果不能，没有关系，能力需要培养。在团队中重复这个练习，团队成员将变得越来越有把握。随着时间的推移，他们会逐渐建立起信心，走上利用分析推动行动的道路。

第11章 创建定量直觉文化，招聘人才，打造团队和组织

表11-1 定量直觉的角色及其技能

	数据科学家	数据工程师	数据翻译家	数据艺术家
作用	充当建筑师	负责基础设施	充当连接者	负责数据可视化
所用工具	高级分析技术，例如联合分析、TURF分析、篇章分析、神经网络、预测机器学习和队列分析等	SQL、AWS、Spark、Hadoop	Microsoft Excel、Python、Tableau	演示软件，例如Microsoft PowerPoint、Google Slides、Adobe、Tableau
技能	统计、数学、沟通	编程	定量分析、信息综合、商务、沟通、编程	数据分析图形设计
方法	系统性方法	注重细节、运营和质量	跨部门工作	关注点广泛
输出	制作蓝图或模型以分析数据	构建管道（基础设施）以交付数据	解答具体的商业问题	吸引和说服，促使人们采取行动

现在你已经了解了4个角色及其基本技能，我们接下来讨论团队的构成。虽然这4个角色都很重要，但他们在团队中的数量却并不一致（见图11-4）。团队的构成没有精确的比例，因为这取决于业务规模、信息量和所处行业。一般而言，按照从多到少的先后顺序，你需要数据翻译家来解释数据，数据艺术家来增强吸引力和说服力，数据科学家来构建模型，数据工程师来确保数据的持续流动。

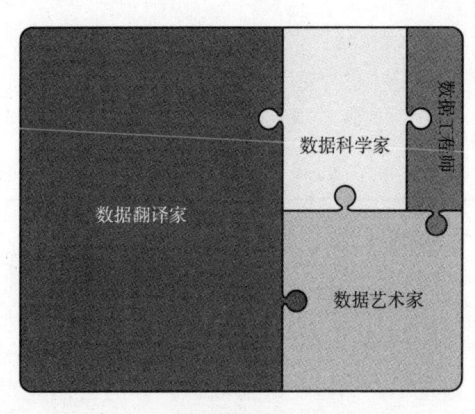

图11-4 定量直觉团队的样本比例

打造定量直觉组织

随着定量直觉团队的发展,你需要了解定量直觉方法与团队在面对不确定性时做出决策的就绪度有何关系。这可以映射到你和团队的成熟度模型。

就像对任何数据一样,你需要正确看待定量直觉技能。你是否一开始就在不确定的情况下同时运用定量和直觉技能?你是否曾经将深度分析和人类洞察相结合,塑造出可靠的决策过程?或者,你是否是定量直觉高手,能够打通信息与直觉,同时让你的团队也这样做?

对于一个企业,我们需要考虑企业文化和企业成熟度。你的团队是高度灵活、谨慎但对改变持开放态度;还是非常僵化,在应对不确定性时反应缓慢?将你和团队的成熟度映射到一个简单的矩阵中,如图 11-5 所示。

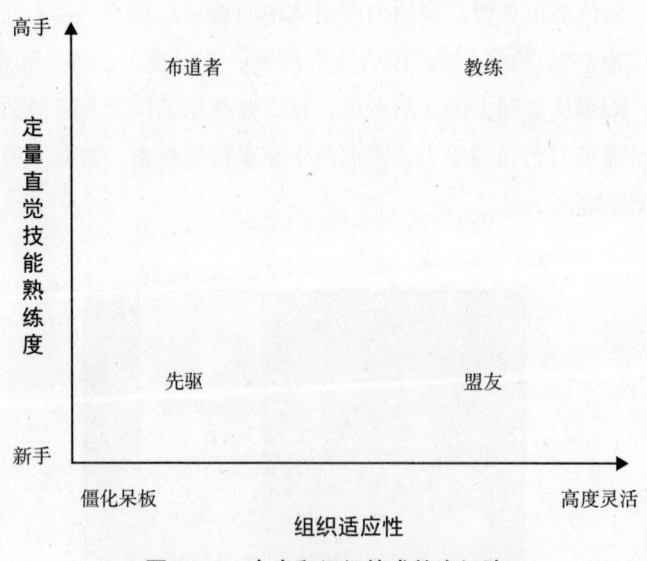

图 11-5 个人和组织的成熟度矩阵

作为定量直觉先驱,你排在最前面,但你的公司呢?我们见过高度灵活的百年企业，也见过僵化呆板的创业公司，所以某些标签可能具有欺骗性，需要对一家公司的背景文化和成熟度进行真实的评估才能真正对其了解。一旦你理解了公司对变革的渴望程度，你就可以确定自己是否在与志同道合的决策者共事，或者你是否在以布道者的身份推动一家僵化的企业向前发展。你必须清晰地认识到自己在公司中的角色，只有这样才能在面对不确定性时做出更好的决策。

我们生活在一个信息爆炸的时代，常常有一种被数字入侵的感觉。事实上，拥有如此惊人的信息量是一件幸事。具备核心技能的合适团队将成为公司转型的先锋，并为关键领域的发展提供先见之明。说到底，很少有人了解数据的力量。只要知道要问什么问题，将数据与公司战略联系起来，并以此吸引客户，实现收入目标，就能利用数据的力量。

通过拥有前面提到的 4 个角色，企业将做出更快、更有成效的决策。

本章要点

- 目前的人才缺口不在于缺少拥有强大分析能力的人,而在于缺少能够领导团队通过分析做出更好决策的人。

- 在招聘人员时,要根据定量直觉的三大支柱(精确提问、背景分析和信息综合)来寻找具备定量直觉技能的人才。

- 在面试中,关注应聘者从"这是什么"到"这意味着什么"再到"我们该怎么办"的能力。

- 建立由4个角色组成的团队:数据科学家、数据工程师、数据翻译家和数据艺术家。

- 聘请数据艺术家,在数据可视化上投入时间和精力。

- 数据翻译家应该占团队的大多数。

DECISIONS

第 12 章　数据驱动决策的未来，
　　　　　我们如何做好准备

OVER

DECIMALS

小数决策　DECISIONS OVER DECIMALS

> 永远不要让未来打扰你。如果不得不这样做，请用理性武器对付它，就像用理性武器对付现在一样。
>
> ——马可·奥勒留

想要在日益复杂的数据驱动决策领域先人一步，领导者就需要更快地做出灵活而明智的决策。在大数据时代之初，话题集中于3V，即volume（体量）、velocity（速度）和variety（多样性），后来又添加了另外两个V——volatility（波动性，即数据是否始终可用）和verity（真实性，即数据完整性）。现在，人们期望具有数据素养的领导者吸收、思考和判断5V提供的大量信号，但这些信号实在太多了，单凭一己之力根本无法做到实时解读。

幸运的是，正如前几章所述，决策是一项团队运动。来自产业界和学术界的工具和技术越来越多，将在接下来的10年里为决策提供巨大助力。随着计算速度的提高和人工智能的进步，决策能力将得到新的拓展，帮助企业领导者应对日益复杂的决策环境。

人们正在开发自动化工具，以取代重复决策，如医学影像解释、股票交易或定价决策，同时作为决策支持工具，以混合自动化方式为人类决策提供补充。计算能力和计算速度的进步带来了更先进的预测分析和模拟方法，比如数字孪生模型。这些趋势要求领导者调整对数据的态度，不仅要接受人类的概率性或不确定性思维，还要接受机器预测的概率性和不确定性。在这样的决策环境下，自动化技术将得到更深入的应用，取代许多传统的定量任务，比如由机器进行数据收集和分析，但人类的参与度也会进一步提高，在更深入分析与直觉和商业敏锐度之间取得平衡。具有讽刺意味的是，在数据和自动化越来越多的情况下，定量直觉中的直觉可能会占据主导地位。

自动化会取代人类判断吗

在过去的一个世纪里，自动化取代了可预测和重复的人工任务，重塑了劳动力市场。自动化的最早应用可以追溯到1901年美国奥兹莫比尔汽车公司（Oldsmobile）使用流水线大规模生产汽车。1913年，亨利·福特在此基础上进行改进和扩展，开发了他自己的生产流水线。接下来实现自动化的是数据的处理和分析。计算方法和人工智能的进步使涉及判断、创造力、信息综合和社会智能的非常规任务也逐渐实现了自动化。[1]

领导才能和商业决策可能要等到最后才能实现自动化，但在决策时刻之前和之后往往是相对一致和重复的活动模式。一旦定义了这些可重复的模式，就可以将其以代码方式编入包括人工参与和自动任务的工作流程中。自动化处理重复性任务的最大好处是可靠和高效。与人类不同，在输入数据相同的情况下，机器每次都会得出相同的结果。有了明确的参数和工作流程，我们可以利用计算机自动化技术来应对5V挑战，加快决策过程。当自动化不仅应用于软件例行程序和计算机计算，而且被应用于整个端到端业务流程时，自动化的价值就会得以实现。对于完全重复的任务，自动化可以独立完成；对于

小数决策　DECISIONS OVER DECIMALS

需要更多判断和信息综合的任务、需要混合解决方案的任务或者需要决策支持系统以提供建议的任务，人工可能优于自动化。

根据信息技术研究分析公司 Gartner 的定义，业务流程自动化超越了传统的数据操作和记录保存活动，专注于"运行业务"而不是"计算业务"类型的自动化工作。这种类型的自动化通常处理事件驱动的、以任务为关键的核心流程。

在自动化的应用过程中，企业领导者需要确定哪些业务目标和关键绩效指标可以被分解为能够自动化处理的重复任务，哪些需要人工决策。索赔、收账款、采购订单、客户交互以及工资调整等许多人力资源工作都可以采用自动化技术。重要的是要认识到，决策不是退位，而是在监督标准下被授权了。

以呼叫中心为例。具有定量视角的企业领导者，把自动化技术用于客户交互以减少通话时间，例如"按 1 确认您的余额并通过您登记的付款方式付款"。虽然经常会出现问题，但客户看到了高效交互的价值。然而，这还有其他的价值。根据帕累托法则，80% 的呼叫占据 20% 的工作量，自动处理大多数的呼入电话，将让话务员有更多时间来处理真正需要帮助的其他呼入电话。这也意味着话务员需要掌握更多的业务知识，因为他们将处理更复杂的呼入电话。由于话务员的工作变得更具互动性和更复杂，呼叫中心实质上变成了联络中心，这促进了与客户更深层次的互动。

此外，处理各种更高级的问题而不是单调乏味的任务，有助于提高员工的满意度和留存率。事实上，当美国一家大型健康保险公司增加了在线自助服务渠道后，其呼叫中心的电话数量不降反增，但通话性质发生了变化。消费者通过在线渠道了解到关于保险单、索赔和承保范围的大量信息，由此对健康保险条款提出了更深入的疑问。[2]

同样，经济学家戴维·奥托（David Autor）讨论了引入自动柜员机（ATM）对银行业的影响。[3] 考虑到 ATM 会替代银行柜员的一部分工作，人们预计在引入 ATM 后，银行分行和银行柜员的数量都会减少。然而，结果恰恰相反。有了 ATM，银行能专注于更复杂、更有利可图的业务，比如信用卡和抵押贷款，开设更多分行，雇用更多柜员。在这种新的模式里，柜员处理更复杂的客户互动，他们的工作价值增加而不是减少了。在自动化时代，银行柜员将更多地运用判断和直觉，负责做出更多的业务决策。

以前，医疗保险或汽车保险公司的索赔处理属于劳动密集型工作，常常因为不必要的审查而导致人为延误，但现在情况已经改变。自动化模式可以在几分钟而不是几周内有效地处理索赔，改善客户的体验。改进的流程和更深入的定量分析可以同时用于发现隐藏模式，防止欺诈。精明的企业领导者知道，大多数索赔都是例行公事，只要符合明确的规定，索赔的执行速度完全可以加快。这让员工可以把更多的时间和精力用于处理非常规的索赔，这种索赔需要更深层次的人类判断。

与其他任何工具或方法一样，应用自动化时也应该深思熟虑。将错误的流程或本来效率就很低的流程自动化，这会加深人们的误解，认为技术难免弊大于利。明白这一点，企业领导者可以更有效地运用他们的资源，最大程度地提高他们的信息技术投资回报率，并优化员工的工作内容。可悲的是，我们经常看到最聪明的人仍然在做着原本可以自动化的日常工作。这是对资源的浪费，不利于企业发挥员工的最大价值——能够运用判断、商业敏锐度和直觉，将数据和直觉联系起来，解决意外发生、需要做出新解读的问题。

就像我们的定量直觉框架将数据和分析与人类判断相结合一样，自动化的最佳实践是混合自动化方法的出现。在混合自动化方法中，日常任务交由自动化处理，而更复杂、更微妙的任务留给人类专家解决。在未来，自动化将处理更多的重复任务，取代人工决策，比如把电话转接到何处，决定何时将任务自动化，何时将任务转交给人工处理。

以最讲究人际关系判断的职业——销售员为例。众所周知，销售员需要与客户建立持久的关系，掌握重要的销售技能。内策尔曾与同事雅尔·卡林斯基－希霍尔（Yael Karlinsky-Shichor）教授一起，帮助美国一家中型金属零售商将其销售团队的定价决策自动化。[4] 他们创建了一个模型，利用每个销售员以前的定价决策来预测以后客户询价时的报价。然后，他们进行了一个现场实验：对于随机选择的询价，销售员在报价之前，先看模型生成的报价，这个报价模拟了该销售员以前的定价决策。他们发现，销售员用自己的"机器人版本"报价将有助于避免偏差，比如对他们之前的报价是被接受还是被拒绝做出反应，以此提高盈利能力。如果定价偏离了模型生成的报价，这可能表明他们过于疲劳或者注意力不够集中。

但在某些情况下，销售员知道模型不知道的有用信息，例如客户的急迫程度或者他们对特定报价的敏感度。在这种情况下，应该按照人类直觉和判断而不是模型来定价。研究人员发现，最佳的自动化策略是设计一个混合自动化系统，其中一些询价由自动化模型来处理，而另一些由销售员来处理。具体来说，更复杂的询价或者需要人工判断的新客户询价应该由销售员处理，而典型的询价则可以由自动化模型处理。事实上，他们提出了一个两级自动化系统。对于特定的询价，模型会预测自己能否比人类做得更好，如果能，模型就会进行报价；如果模型预测人类会做得更好，它就会将询价单发送给有经验的销售员。因此，我们可以认为自动化不仅能独自做决策，而且当任务需要人类的判断时，还会自动将任务交给人类处理。

销售员自动化模型的另一个好处是有助于将销售员的知识和直觉保留在系统中。销售员觉得自动化系统很有用，因为当他们不在办公室时，模型可以"复制"他们。通过这样一个自动化系统，员工可以把他们的知识和判断留在公司，让自己更平静地度过假期。当员工离开公司，其他人接手他们的工作时，这个系统可以用保留下来的老员工的判断和直觉培训新员工，这也有助于工作交接后的平稳过渡。

定量方法的进步将促进更多的任务自动化，如数据收集和数据分析，这可能会让领导者减少对定量工具的关注，而更专注于最重要和最具挑战性的任务，这些任务更需要信息综合、人类判断、智慧、直觉，而不是传统的定量技能。换句话说，我们预计自动化将使定量直觉领导者的定量角色减少，而直觉角色增加。

采用数字孪生技术，做出更好的预测

从高层领导到基层员工，企业中所有层级的员工都希望从自动化中获得价值，但人们对于自动化的真正价值存在分歧。根据国际数据公司（International Data Corporation）的说法："大多数企业都专注于其内部的自动化，这确实会提高生产力。但是，为了提高业务敏捷性和灵活性，企业必须着眼于自身之外，考虑跨行业生态系统的自动化。"[5]

除非企业领导者意识到他们可以定义需要人工干预的事务，否则他们不愿意更深入地使用自动化。自动化系统可以加快信息处理速度，同时仍然让人类来做出最关键的选择。随着自动化系统速度的提高，企业可以快速地获取替代方案，为决策者提供更多选择。

以前，考虑到系统或模型中输入和输出之间的关系，在敏感性分析中可以看出替代方案的价值。虽然对决策者来说很有价值，但自动化过程的此类敏感性分析都是相对静态的。现在，模拟、智能体模型和数字孪生使动态敏感性分析得以实现，对假设场景进行计算成为可能。模拟可以生成完整流程甚至整个企业的实时事件驱动模型。数字孪生是物理实体（例如电机或生产线）或整个业务流程（例如供应链）的详细虚拟模型，用于运行模拟，了解性能问题并生成改进建议。这些使决策者可以对决策进行压力测试。

数字孪生可以追溯到美国NASA在地面上为每个太空飞行器制作的复制品——模拟双胞胎（Analog Twin）。在20世纪60年代，即使没有强大的计算能力，也能通过地面上的复制品，模拟和检查由飞行主管向宇航员推荐的替代方案。同样，如今的企业领导者可以从复杂的实时视图和随后的业务建模中看到洞察的价值。企业领导者希望平衡实时数据，分析洞察和他们的直觉，对各种替代方案进行衡量，实时变更计划，以便生产线保持运行。将数字孪生应用于关键流程，可以方便企业领导者进行实时管理，并且更有信心驾驭5V，在现场事件发生时确定替代方案。

想想那些日程紧凑、利润率较低的零售商，每一个优化供应链的机会都会提高他们的利润。为供应链创建数字孪生模型可以了解资产交互的详细情况，增加双向信息流，使生产线等内部系统与实时交通、天气和区域警报等外部系统的运输信息同步，实时掌握供应链受到的影响，时间可以精确到分钟。企业领导者可以看到系统的某个部分由于外部因素而发生延迟，于是他们使用预测模型来推荐替代方案。例如由于暴风雨（外部因素），主要运输路线（系统的某个部分）突然中断，于是企业领导者可以将运输中的货物转移到优选的新地点，并在接下来的两周内将货物转运到不同地区的二级供应商（替代方案）。

领导者可以在数据驱动的洞察和他们对业务的直觉之间取得平衡，而不是靠猜测，从而快速、清晰地做出更好的选择。

凭借强大的计算能力、新系统和旧系统的互操作性、高速网络以及家庭和移动设备中的高清视频功能，数字孪生将通过患者数字孪生模型，在医疗方面扮演更重要的角色。随着移动健康追踪器的普及和传感器技术的日益进步，实时虚拟医生将带来体验感大幅提升的远程医疗体验。在不久的将来，患者数字孪生模型可以在共享的虚拟世界或虚拟空间中接受虚拟医生的诊治。当真正的病人和现实中的医生隔着遥远的距离交谈时，医生将实时看到病人的完整虚拟模型和实时指标，来自传感器的信号被输入到患者数字孪生模型。如今，医生必须重视虚假信号（例如"我感觉还行"），并且在短暂的就诊中将有关病人真实状态的数据与直觉联系起来。而通过患者数字孪生模型就诊，医生可以借助传感器，实时看到神经末梢放射的疼痛电信号，并将其与过去相关时期（30天、几个月，甚至患者一生）的关键信息，如心脏活动、睡眠模式、血液情况等生物特征进行纵向比较。医生可能仍然会说"当然，我知道你正努力好起来"，因为病人可能没有明确说出他们的真实感受，但通过患者数字孪生模型的数据分析，再加上医生对患者的直觉以及他们的医疗敏感度，诊断将更为准确。

概率性思维，而非确定性思维

我们从小接受的正规教育告诉我们，大多数问题的答案都有正确和错误之分。事实上，我们习惯于相信只有一个正确答案。如果没有绝对正确的唯一答案，我们就会不知所措。

在数学和计算机科学中，对于一个定义明确的系统，如果确切地知道其初始状态或特定的输入数据，就可以计算出该系统的未来状态，而且答案总是相同的。这种确定性思维虽然令人安心，但在随机性越来越高、选择范围越来越大的现实世界中却只是镜花水月。确定性思维所必需的精确性也与我们作为人类的天性不符。事实上，大多数问题都有灰色地带。例如，我们是否已经越过了气候破坏无法被逆转的程度？对于这样的问题，能高度自信地用绝对数字来回答吗？

我们顽固地寻求数学上和经验上的唯一答案，认为任何问题的答案都应该是百分之百准确的，名称、事实和我们所有人都知道的真相无不如此，这些都是已被证实的。例如这个简单的问题：一家餐厅一次能容纳多少顾客？对于餐厅的座位数，只有一个正确的答案。然而，如果问题是"你认为该餐厅能否在周六晚上 8 点安排一张能坐 6 个人的桌子？"，那么情况显然就要复杂得多。我们知道这个问题没有一个确定的绝对答案，所以我们求助于直觉来回答这个似乎无法回答的问题。首先，收集更多的绝对数据——这家餐厅不接受预订，通常情况下晚上 8 点还有空位且没有人排队等候入座。然后，考虑概率性因素——天气预报有小雪，但那天是假日，餐厅恰好位于曼哈顿剧院区，演出在晚上 8 点之前就开始了。除此之外似乎没有更多会造成影响的因素了。最后，你就可以用你的直觉判断这家餐厅在周六晚上是否有空位，还是应该去另一家餐厅。

人类的经验和互动是将事实与一系列观察结果或对事件的期望结合起来的活动，这是一个布局各类选择的过程。这种概率性观点与我们寻求的绝对答案恰恰相反，但这却是最接近真实世界的模拟方法。这种方法在考虑模型（即问题）和数据不确定性的同时，试图找到其中的合理之处。

机器学习预测模型和数字孪生的优点在于，它们能够很好地处理这种随机性，产生可能性预测和假设情境。这些工具使我们更容易量化不确定性的程度及其对决策的影响。作为没有人工智能背景的企业领导者，关键是要认识到，从假设（问题）中得出的推论或演绎是可编程、可解释的。简单来说，你的公司可以将概率应用于业务逻辑和可用数据，以减少不确定性并预测结果。

重视定量直觉的企业领导者，会利用他们的商业敏锐度和直觉，将数据与概率性人工智能模型提供的建议联系起来，了解哪些不仅是可行的，而且对他们的业务和客户来说是可以接受的。未来善于运用人工智能的领导者不仅能利用数据来减少不确定性，还能使用模拟和数字孪生技术来检查替代方案的结果。

人们普遍认为，所有的新技术都可能具有破坏性（好莱坞电影经常强化这种看法）。鉴于此，早期采用新技术的领导者非常注重安全和保障。领导者可以让研究决策未来趋势的高级分析机构，来指导如何在决策过程中使用新的方法和工具。除了高级分析和人工智能模型，还需要一个治理框架来建立结构和规范，以安全、公平、负责和透明的方式应用人工智能。在本书出版时，美国国家标准与技术研究院（National Institute of Standards and Technology）正在审查 2022 至 2023 年冬季发布的"人工智能风险管理框架"。该框架的目标是"更好地管理个人、组织和社会的人工智能相关风险，将可信度考量纳入人工智能产品、服务和系统的设计、开发、使用和评估"。

第 12 章 数据驱动决策的未来，我们如何做好准备

现在有很多人工智能框架，包括德勤咨询公司和 IBM 的可信人工智能（Trustworthy AI）框架，这些框架为人工智能的隐私性、敏捷性、可解释性和合规性提供指引，将数据智能与人类判断相结合，体现了定量与直觉的平衡。

决策
面面观

DECISIONS
OVER
DECIMALS

可信人工智能框架

德勤咨询公司的可信人工智能框架描述了以下 6 个方面。

- 公平和公正：评估人工智能系统是否包括内部和外部检查，助力实现人工智能系统在所有参与者中的公平应用。
- 透明和可解释：帮助参与者了解他们的数据将被如何使用，人工智能系统将如何做出决策。算法、属性和相关性可供查阅。
- 负责和问责：确立组织结构和政策，明确谁对人工智能系统做出的决策负责。
- 稳健和可靠：确保人工智能系统具有向人类和其他系统学习的能力，并可以产生一致和可靠的输出信息。
- 尊重隐私：尊重数据隐私，避免在预期和声明用途之外借助人工智能来利用客户数据。允许客户选择是否共享他们的数据。
- 安全和保障：保护人工智能系统免受可能的物理和虚拟伤害（网络风险）。

IBM 的可信人工智能框架以人为中心，包含以下 5 个方面。

- 可解释：信任来自理解。必须理解人工智能主导的决策是如何做出的，其中包含哪些决定性因素。
- 公平：确保采取适当的监控和保障措施，减少偏见和偏差，让所有人获得更公平的待遇。
- 可靠：可信人工智能框架可防范大规模的对抗性威胁和潜在入侵，保持系统健康。

217

- 透明：公开透明可增强信任，与不同角色的利益相关者共享信息可以进一步增强信任。
- 注重隐私：人工智能系统在从培训到生产和治理的整个生命周期中保护数据。

腾出时间做更多决策

我们的讨论从自动化到机器学习预测模型和数字孪生，再到概率性思维和人工智能，这个过程引出了最后一个问题。随着新方法和新技术日益增多，我们作为人类将如何利用它们？

乐观地说，加速处理和管理日常事务后，我们就可以腾出更多的时间，专注于重要的事情。我们可以专注于创造力。随着自动化程度的提高和技术的进步，我们也许有更多的时间讨论人生的意义。在未来的几十年里，企业领导者必须继续在定量和直觉之间取得平衡。事实上，可能需要更多的直觉来平衡越来越快速、越来越复杂的定量分析。

如果我们能够监控、管理和信任数据驱动技术和人工智能技术，那么在信息真正透明、自动化系统和组织之间加强协作的情况下，个人和企业也可以更加信任彼此。

结果会是什么？由于自动化系统能够处理决策过程中的基本问题，创新的步伐可能随着限制的消除而加快。此外，如今用于管理混乱、孤立和不确定信息的大量精力、资源和创造力，可以重新用来快速发展新业务、改善运营模式和推出创新产品。

运用定量直觉方法，用更多时间进行战略思考，就能应对下一波巨大挑战，实现小数决策。

第 12 章　数据驱动决策的未来，我们如何做好准备

本章要点

- 随着计算速度的提高和人工智能的进步，决策能力将得到新的拓展，帮助企业领导者应对日益复杂的决策环境。
- 自动化将使定量直觉领导者的定量角色减少，而直觉角色增加。
- 模拟、智能体模型和数字孪生使动态敏感性分析得以实现，对假设场景进行计算成为可能。这使得决策者可以对决策进行压力测试。
- 大多数问题都有灰色地带，采用概率性思维而非确定性思维。

后 记
DECISIONS OVER DECIMALS

如何成为一个更好的决策者

所谓的发现时刻其实是发现问题的时刻。

——乔纳斯·索尔克（Jonas Salk）

本书已近尾声，不妨温故知新。什么是决策？从本质上讲，决策代表着"改变"——在某个时间点，你被要求考虑做一些不同的事情。作为个体，你也许抗拒改变，但你的角色是让客户、同事或利益相关者适应变化。

你可能会问自己，我要怎么做，从哪里开始呢？想一想，你是否一直在使用IWIK方法、逆向工作法或费米估计法等技巧？如果你想成为一个更好的决策者，就从培养两种技能开始——审问和直觉，或者说"惊讶"和"背景分析"，这会让你带动其他人采取行动。

如果下次分析师来找你，准备给你看他们用3周时间制作的30页分析表格和写满数据的幻灯片，你应该绕道而行。而当你有兴趣看他们做的东西时（他们当然很高兴展示他们的努力成果），我们建议你问一个简单的问题："在处理这些数据的过程中，有什么让你感到惊讶？"这个问题通常有两种结果。要么你发现了分析师没有意识到的错误，因为他们的惊讶可能很容易通过数据的背景来解释；要么你发现了一些既有趣又意外的东西。不管怎样，你都推动了谈话。这并不是要他们做尽职尽责的分析师，详细介绍每一个细节，而是要开启一场深思熟虑的对话，就真正重要的问题展开深入讨论。这时，分析师开始成为战略家。你应该帮助你的分析师培养数据翻译家的技能。"有什么让你感到惊讶"这个简单的问题开门见山，揭示出有用的洞察，让分析师不必向你介绍幻灯片上的所有细节。作为一名领导者，要接受惊讶——新的启示和无法解释的异常值。别人所谓的异常，往往蕴含着丰富的启示。促进不一样的对话，让他们分享意想不到的东西，因为这可能会激发新的灵感。

与新的启示相关的是背景。人类非常擅长发现模式，识别相同和不同之处。我们不太擅长用绝对值来评估事物。因此，正如第 5 章所述，当出现一个数字时，把它置于整体背景中。对每个数据点进行多方考量——从数据本身的角度、历史的角度以及相对于竞争对手或基准的角度进行讨论。如果你想促使人们采取行动，就必须始终把数据置于背景中。你甚至可以在家里试试这种方法——当你听到"你会相信……吗？"时，探究这句话的背景，看看对话是如何变化和发展的。

促成行动是我们在乎的事情。虽然我们是作者和学者，但我们首先是实践者。《小数决策》源于第一线的商业实践。我们一路学习，从收集数据和钻研表格，到发展和领导团队，最后制定出成功的战略。我们面对过尖锐的质询，参加过具有挑战性的会议，也被一些杰出、成功的商界领导者"审问"过。

我们倾听和观察。我们着迷于解析人员、计划和会议的哪些潜在动态会产生更好的决策。我们有永不满足的好奇心，想要知道为什么某些决策被采纳而另一些决策被拒绝。然后大数据来了。我们在数据"湖"中畅游，在数据"仓库"中漫步，在数据立方体中沉醉。我们以为数据就是答案，以如此多的数据驱动决策会是一剂良药。令人震惊的是，这并不是真正的答案，如果无法善加利用，大数据只能将我们淹没。

我们一开始不明白，但后来思路渐渐清晰。数据是必不可少的，但必不可少的还有数据智能和人类判断之间的平衡。我们开始研究、构想、测试如何达到正确的平衡。我们改进了方法和提问方式，并将它们传授给各行各业、不同公司和不同背景的人。在哥伦比亚大学讲授定量直觉课程的7年多时间里，我们不断提出一个问题："你在决策方面遇到的最大挑战是什么？"回答出奇地一致，不是数据发现，而是审问和行动。我们发明了定量直觉的概念，将我们的许多经验教训和多年的研究心得编撰成书，让领导者能够做出更快、更高质量的决策，并帮助他们建立精锐团队，在面对不完整的信息时可以满怀信心地大步迈进。

经验为先，本书次之。我们讨论的不是你需要百分之百遵守的公式化方法，而是你可以在需要时轻松上手的一系列技巧。定量直觉是一套快速反应工具，其中的各种工具可以信手拈来，而不是按顺序使用。观察这些工具如何推动洞察，甚至推动主题的重新审视、重要框架的重新设定。一开始，你可能需要努力掌握这些工具，但随着你不断使用它们，你将达到"无意识有知"的程度（见第1章中的图1-2）。这些工具将深深嵌入你的日常工作中，成为你的本能。你可以把《小数决策》看作一本参考手册，一本常读常新的书。

应用我们分享的方法可以提高团队的思维能力，引发不一样的对话，并通过提问来制定成功的战略。运用这些方法你可以推动清晰和更好的决策，帮助企业发展壮大。如今的数字时代要求我们更快地做出决策，但决策往往是在共识的基础上做出的，这反映了在决策中"安全第一"的思想，而非"变革第一"。曾经数据饥渴的环境催生了追求完美数据、完美分析和完美决策的心态，很多人深陷于数据的细枝末节中不可自拔，丧失了平衡的视角。数据大量增加，人们为了消除不确定性而没完没了地收集和分析更多数据，可惜往往徒劳无功。我们质疑拥有的数据，不断要求获得更多、更好的数据和分析，而当我们凭直觉知道应该做什么时，又常常因为毫无建树而感到沮丧。富有洞察力的领导者知道这是一种有缺陷的方法。你不可能在零风险的情况下发展业务。仅凭数据是无法做出完美决策的。

要做一个更好的决策者，不要只是做一个更好的分析者，这是定量直觉的核心。分析是对复杂问题各个组成部分的详细评估，以便更好地理解复杂问题。这是必要的，但还不足以促使人们采取行动。为了促使人们采取行动，你需要让利益相关者团结在决策而不是数据周围；你需要让他们参与决策时刻，而不是分析模型；你需要提供数据背景，而不是深入细节；你需要综合信息，而不是总结数字。

我们生活的这个世界——信息过载、持续联结和数字化未来，是滋生困惑和怀疑的温床。为了追求更多的数据和完美的答案，我们失去了重要问题的线索。但你能够改变这一局面，打破这种模式，在数据背景和"惊讶"之间建立联系。让你的商业客户与研究或洞察团队携起手来，请他们喝杯咖啡，腾出空间，让真知灼见得以浮现。

我们以安德鲁·朗格最喜欢的一句话作为结尾："使用数据就像醉汉使用路灯柱一样——为了支撑而不是照明。"我们都遇到过这种情况：人们使用数据来获得支撑而不是寻求启示。借助定量直觉，你可以在不忽视大数据的情况下，跳出大数据的藩篱进行思考，在追求完美决策的同时认识到完美决策永远不可能真正存在。最好的决策将是照亮前进道路的决策，它们可能并不完美，但可以使你前进，关键是要乐于试错和学习，不断纠正路线，就像水手在航行过程中不断适应风的变化一样。

致 谢

DECISIONS OVER DECIMALS

任何耀眼的成就绝不是一个人的功劳,是很多人的支持和指导让这段探索和创造之旅成为现实。我们想要感谢那些为本书做出非凡贡献的人。我们想从乔西·考克斯(Josie Cox)开始,她是一名记者、编辑和广播员,在本书开始时充当了参谋的角色,她倾听了我们关于本书前几章的思路。感谢她让我们在混乱的创作初期理出头绪,同时确保我们每一个想法都得到放大。她不仅是我们的第一位编辑,还成了我们的朋友。我们还要感谢编辑凯伦·维罗索斯(Karen Vrotsos),他使我们的思路更加清晰,并确保我们想要传达的信息清晰明确、有说服力和引人入胜。

写书是一大挑战。空白的页面既令人生畏又令人兴奋,因为它代表着各种可能性。我们决定三人合著,以缓解这个挑战。三个声音需要交织成一个声音。各种各样的想法必须协调一致。我们有幸找到了合适的人,组成了定量直觉三人组,我们每个人都可以表达和发展自己的想法,并最终把想法统一起来。你刚刚读到的内容是过去 7 年来三个人共同教学的最新成果,我们希望你能感受到其中的和谐。

除此之外,许多朋友和同事都慷慨地腾出时间到哥伦比亚大学的定量直觉课程上进行客座演讲。我们对特雷西·古舍尔(Traci Gusher)、埃里克·科伊维斯托(Eric Koivisto)、托德·特拉特(Todd Traut)、斯科特·彭伯西(Scott Penberthy)、特蕾西·坎比斯(Tracie Kambies)、托马斯·加利齐亚、坦纳沙·戈登(Tanneasha Gordon)、彼得·范德斯利斯(Peter Vanderslice)、丽莎·努恩(Lisa Noon)、阿西夫·哈桑(Asif Hasan)、巴雷特·莱斯特(Barrett Lester)、马克斯·科比(Max Kirby)和克里斯·戴维(Chris Davey)深表感谢。我们也要感谢凯蒂·巴克利(Katie Buckley)、布兰特·克鲁兹(Brant Cruz)、莎拉·古吉诺(Sarah Guggino)、希滕德拉·瓦德瓦(Hitendra Wadhwa)、马蒂亚斯·伯克(Mattias Birk)、保罗·英格拉姆(Paul Ingram)、戴维·罗杰斯(David Rogers)、尼克拉斯·帕迪拉(Nicolas Padilla)和里克·雷克(Rick Lake),他们在许多方面提供了宝贵的意见和支持,审查了本书稿,并帮助完善了本书的各方面内容。每个人都在关键的决策时刻陪伴着我们,毫不犹豫地回复短信或接听电话,为我们提供宝贵的建议。谢谢你们!

最后是个人感想和致谢:

在这段旅程中,有很多人帮助过我,但没有人比我的家人更特别,更令人鼓舞。我要感谢米歇尔、亚历山大和劳伦听我没完没了地谈论把数据置于背景中的重要性,问他们"是什么让他们感到惊讶"。感谢他们在这段创造性的旅程中支持我。他们为本书标题、副标题和封面设计出谋划策。他们的爱、支持和鼓励意味着一切。在我们和恩佐的多次散步中,米歇尔为章节思路出了很多好主意。她耐心、善良,充满各种奇思妙想,始终伴我左右。

克里斯托弗·弗兰克

我出生于移民家庭,父母没有受过多少教育,而我却有幸能够接受顶尖的教育,并在商界和学界工作,对此我满怀感恩之情。常识往往是最好的指引,所以我要感谢我的父母阿尔贝托和格拉西亚,他们给我灌输了好奇心、

致 谢

勤奋和良好的判断力。爱我并支持我的妻子苏珊娜，以及我那充满创造力和好奇心的孩子们卢克和伊芙，你们是我最坚实的依靠。当我的孩子们开始他们的旅程，我们有时会一起回顾我的童年教训，一起畅想未来。

保罗·马尼奥内

作为一名学者，我有幸能同时成为一名学生和导师。这两个角色都极大地影响了我的成长和思考，正如本书所反映的那样。我非常感谢我的博士生导师吉姆·拉廷（Jim Lattin）教授和 V. 斯里尼瓦桑（V. Srinivasan）教授，他们教会了我将定量技能与直觉相结合的一些初步知识。同样，我非常感谢我的许多博士生，我每天都在向他们学习，他们把我称为严厉的数据审问者。希望阅读本书能帮助你把数据放在正确的背景中。最重要的是，我要感谢我的家人在这段旅程中给予我的无尽支持和鼓励。苏珊、塔里亚、埃拉和艾维耐心地倾听了我关于这本书的许多想法，从最初的构想到内容的创作，再到标题的选择。他们违背自己的意愿，反复阅读和背诵了这本书中的许多关键知识。我的妻子苏珊对本书的很多部分提供了宝贵的建议和意见，同样重要的是，她总是给予我支持和鼓励，是我的力量源泉。特别感谢罗多拉、多伦、卡米特及其家人，他们总是在远方提供无条件的支持。在写本书的时候，我多次向我的父亲马克斯征询意见，他在几年前去世了。我经常问自己，对于那个句子、段落或概念，他会怎么想或怎么说，而这种思考总是令我受益匪浅。我的父亲不仅是我见过的最具好奇心的人，而且在我们提出这个框架的几年前，他就有了强大的定量直觉能力。

奥代德·内策尔

第1章

1. Howell, William Smiley. *The Empathic Communicator*. Wadsworth Publishing Company, 1982.
2. "2013 State of the Industry: Juice & Juice Drinks." *Beverage Industry,* July 10, 2013.
3. "The Great Juice Rush of 2013." *QSR*, March 2013.
4. Salamouris, Ioannis S. "How Overconfidence Influences Entrepreneurship." *Journal of Innovation and Entrepreneurship*, 2013, 2(1): 1–6.
5. Kahneman, Daniel, and Shane Frederick. "Representativeness Revisited: Attribute Substitution in Intuitive Judgment." *Heuristics and Biases: The Psychology of Intuitive Judgment*, 49 (2002): 81.
6. Chabris, Christopher F., and Daniel J. Simons. "The Invisible Gorilla: And Other Ways Our Intuitions Deceive Us." *Harmony,* 2010.

第3章

1. "The Current and Future State of the Sharing Economy", *Brookings India IMPACT*

Series NO. 032017, March 2017.

2. Kaufman, Sarah M., and Jenny O' Connell. "Citi Bike: What Current Use and Activity Suggests for the Future of the Program." *NYU Rudin Center for Transportation*, February 2017.

3. Maizland, Lindsay. "A Chinese Company Tried Making Umbrella-Sharing a Thing. It Didn' t Go Well.", July 11, 2017.

4. Osborn, Alex F. (Author) and Lee Hastings Bristol (Foreword). *Applied Imagination: Principles and Procedures of Creative Thinking.* Scribner Book Company, Revised Edition, Paperback, April 1, 1979.

第 4 章

1. Andreasen, Alan R. "Backward Market Research." *Harvard Business Review*, 1985, 63(3): 176–182.

2. Bryar, Colin, and Bill Carr. *Working Backwards: Insights, Stories, and Secrets from Inside Amazon.* Pan Macmillan, 2021.

第 5 章

1. Wagner, Clifford H. "Simpson' s Paradox in Real Life." *The American Statistician*, February 1982, 36(1): 46–48.

第 7 章

1. Minto, Barbara. *The Minto Pyramid Principle.* Minto International Inc., 1996.

第 9 章

1. Campbell, Joseph. *The Hero with a Thousand Faces*, 3rd Edition. New World Library, 2008 (originally published in 1949).

2. Robson, David. "How East and West Think in Profoundly Different Ways." *BBC Future*, January 19, 2017.

3. Dawkins, Richard. *The Selfish Gene*, 2nd Edition. Oxford University Press, October 25, 1990.

第 10 章

1. Ospina Avendano, D. (2020).

2. Beckhard, Richard, and Reuben T. Harris. *Organizational Transitions: Managing Complex Change*. Reading, MA: Addison-Wesley Publishing Company, 1987.

3. Mdletye, Mbongeni, Jos Coetzee, and Wilfred Ukpere. "The Reality of Resistance to Change Behaviour at the Department of Correctional Services of South Africa." University of Johannesburg, *Mediterranean Journal of Social Sciences*. 5(3): 548.

4. Iyengar, Sheena. *The Art of Choosing*, Paperback, Twelve; Reprint Edition. March 9, 2011.

第 11 章

1. Davenport, T. H., and Patil, D. J. "Data Scientist." *Harvard Business Review*, 2012, 90(5): 70–76.

第 12 章

1. Chui, M., J. Manyika, and M. Miremadi. "Where Machines Could Replace Humans—and Where They Can't (Yet)." *McKinsey Quarterly*, July 2016.

2. Kumar, A., and R. Telang. "Does the Web Reduce Customer Service Cost? Empirical Evidence from a Call Center. *Information Systems Research*, 2012, 23(3-part-1): 721–737.

3. Frank, M. R., D. Autor, J. E. Bessen, E. Brynjolfsson, M. Cebrian, D. J. Deming, ...

and I. Rahwan. "Toward Understanding the Impact of Artificial Intelligence on Labor." *Proceedings of the National Academy of Sciences,* 2019, 116(14): 6531–6539.

4. Karlinsky-Shichor, Y., and O. Netzer. "Automating the B2B Salesperson Pricing Decisions: a Human-Machine Hybrid Approach." *SSRN.* Presented May 6, 2019. Last revised November 18, 2020.

5. Lava, Shari. "Why Automation Leveraging Shared Expertise and Operations Is the Future of Industry Ecosystems." *IDC,* 2022.

未来，属于终身学习者

我们正在亲历前所未有的变革——互联网改变了信息传递的方式，指数级技术快速发展并颠覆商业世界，人工智能正在侵占越来越多的人类领地。

面对这些变化，我们需要问自己：未来需要什么样的人才？

答案是，成为终身学习者。终身学习意味着永不停歇地追求全面的知识结构、强大的逻辑思考能力和敏锐的感知力。这是一种能够在不断变化中随时重建、更新认知体系的能力。阅读，无疑是帮助我们提高这种能力的最佳途径。

在充满不确定性的时代，答案并不总是简单地出现在书本之中。"读万卷书"不仅要亲自阅读、广泛阅读，也需要我们深入探索好书的内部世界，让知识不再局限于书本之中。

湛庐阅读 App: 与最聪明的人共同进化

我们现在推出全新的湛庐阅读 App，它将成为您在书本之外，践行终身学习的场所。

- 不用考虑"读什么"。这里汇集了湛庐所有纸质书、电子书、有声书和各种阅读服务。
- 可以学习"怎么读"。我们提供包括课程、精读班和讲书在内的全方位阅读解决方案。
- 谁来领读？您能最先了解到作者、译者、专家等大咖的前沿洞见，他们是高质量思想的源泉。
- 与谁共读？您将加入优秀的读者和终身学习者的行列，他们对阅读和学习具有持久的热情和源源不断的动力。

在湛庐阅读 App 首页，编辑为您精选了经典书目和优质音视频内容，每天早、中、晚更新，满足您不间断的阅读需求。

【特别专题】【主题书单】【人物特写】等原创专栏，提供专业、深度的解读和选书参考，回应社会议题，是您了解湛庐近千位重要作者思想的独家渠道。

在每本图书的详情页，您将通过深度导读栏目【专家视点】【深度访谈】和【书评】读懂、读透一本好书。

通过这个不设限的学习平台，您在任何时间、任何地点都能获得有价值的思想，并通过阅读实现终身学习。我们邀您共建一个与最聪明的人共同进化的社区，使其成为先进思想交汇的聚集地，这正是我们的使命和价值所在。

CHEERS

湛庐阅读 App 使用指南

读什么
- 纸质书
- 电子书
- 有声书

怎么读
- 课程
- 精读班
- 讲书
- 测一测
- 参考文献
- 图片资料

与谁共读
- 主题书单
- 特别专题
- 人物特写
- 日更专栏
- 编辑推荐

谁来领读
- 专家视点
- 深度访谈
- 书评
- 精彩视频

HERE COMES EVERYBODY

下载湛庐阅读 App
一站获取阅读服务

版权所有，侵权必究
本书法律顾问　北京市盈科律师事务所　崔爽律师

Decisions Over Decimals: Striking the Balance between Intuition and Information by Christopher Frank, Paul Magnone, Oded Netzer.
ISBN: 9781119898481
Copyright © 2023 by John Wiley & Sons, Inc

All Rights Reserved. This translation published under license. Authorized translation from the English language edition, published by John Wiley & Sons . No part of this book may be reproduced in any form without the written permission of the original copyrights holder. Copies of this book sold without a Wiley sticker on the cover are unauthorized and illegal

本书中文简体字版由 John Wiley & Sons, Inc. 公司授权在中华人民共和国境内独家出版发行。未经出版者书面许可，不得以任何方式抄袭、复制或节录本书中的任何部分。本书封底贴有 Wiley 防伪标签，无标签者不得销售。

图书在版编目（CIP）数据

小数决策 /（美）克里斯托弗·弗兰克
（Christopher Frank），（美）保罗·马尼奥内
（Paul Magnone），（美）奥代德·内策尔（Oded Netzer）
著；车品觉译. -- 杭州：浙江教育出版社，2024.11
ISBN 978-7-5722-8797-8
Ⅰ. C934-49
中国国家版本馆 CIP 数据核字第 2024636QH1 号

浙江省版权局
著作权合同登记号
图字：11-2024-351 号

上架指导：商业管理 / 数据决策

版权所有，侵权必究
本书法律顾问　北京市盈科律师事务所　崔爽律师

小数决策
XIAOSHU JUECE

［美］克里斯托弗·弗兰克（Christopher Frank） 保罗·马尼奥内（Paul Magnone） 奥代德·内策尔（Oded Netzer） 著
车品觉　译

责任编辑：	胡凯莉
美术编辑：	钟吉菲
责任校对：	陈　煜
责任印务：	陈　沁
封面设计：	ablackcover.com

出版发行　浙江教育出版社（杭州市环城北路 177 号）
印　　刷　唐山富达印务有限公司
开　　本　720mm ×965mm　1/16
印　　张　16.50　　　　　　　　字　数：242 千字
版　　次　2024 年 11 月第 1 版　　印　次：2024 年 11 月第 1 次印刷
书　　号　ISBN 978-7-5722-8797-8　定　价：119.90 元

如发现印装质量问题，影响阅读，请致电 010-56676359 联系调换。